나는 단순하게 살기로 했다

ぼくたちに、もうモノは必要ない。

佐々木典士 著

株式会社ワニブックス 刊

2015

BOKUTACHINI, MOU MONO WA HITSUYOU NAI

by Fumio Sasaki

Originally published by WANI BOOKS CO., LTD, Tokyo, Japan.

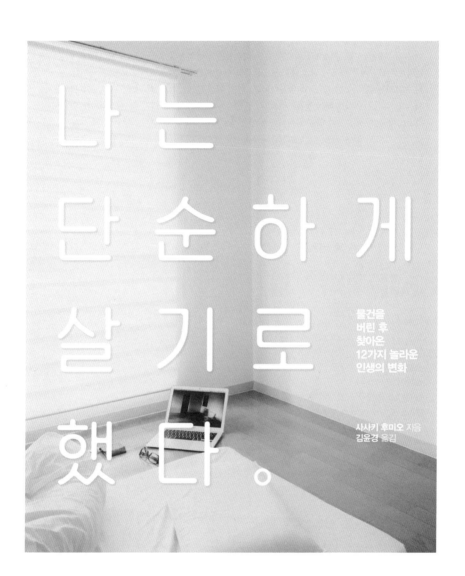

나는 단순하게 살기로 했다.

물건을
버린 후
찾아온
12가지 놀라운
인생의 변화

사사키 후미오 지음
김윤경 옮김

비즈니스북스

옮긴이 **김윤경**

한국외국어대학교를 졸업하고 일본계 기업에서 일본어 번역과 수출입 업무를 담당했다. 바른 번역 아카데미에서 일본어 번역 과정을 수료하고 현재 바른번역 소속 번역가로 활동 중이다. 옮긴 책으로는 《홀가분한 삶》, 《왜 나는 사소한 일에 화를 낼까》, 《끝까지 해내는 힘》, 《이나모리 가즈오, 그가 논어에서 배운 것들》, 《사장의 도리》, 《나는 상처를 가진 채 어른이 되었다》, 《괴테가 읽어주는 인생》, 《3년 안에 결혼하기로 마음먹은 당신에게》, 《왜 살찐 사람은 빚을 지는가》, 《오늘이 마지막 날이라면》, 《불합리한 지구인》, 《내일을 바꾸는 3분 습관》 등이 있다.

나는 단순하게 살기로 했다

1판 1쇄 발행 2015년 12월 10일
1판 66쇄 발행 2024년 11월 15일

지은이 | 사사키 후미오
옮긴이 | 김윤경
발행인 | 홍영태
편집인 | 김미란
발행처 | (주)비즈니스북스
등 록 | 제2000-000225호(2000년 2월 28일)
주 소 | 03991 서울시 마포구 월드컵북로6길 3 이노베이스빌딩 7층
전 화 | (02)338-9449
팩 스 | (02)338-6543
대표메일 | bb@businessbooks.co.kr
홈페이지 | http://www.businessbooks.co.kr
블로그 | http://blog.naver.com/biz_books
페이스북 | thebizbooks
ISBN 979-11-86805-11-4 03190

* 잘못된 책은 구입하신 서점에서 바꾸어 드립니다.
* 책값은 뒤표지에 있습니다.
* 비즈니스북스에 대한 더 많은 정보가 필요하신 분은 홈페이지를 방문해 주시기 바랍니다.

비즈니스북스는 독자 여러분의 소중한 아이디어와 원고 투고를 기다리고 있습니다.
원고가 있으신 분은 ms1@businessbooks.co.kr로 간단한 개요와 취지, 연락처 등을 보내 주세요.

LESS IS MORE.

_미스 반 데어 로에

Maximalist

Minimalist

두 장의 사진은 모두 똑같은 내 방이다.
10년 동안 한 번도 이사하지 않은,
버리지 못한 물건들로 가득한 방에서
나의 삶은 멈추었다.

**그때 내가 만난 것은 물건을 최소한으로 줄이는
미니멀리스트의 삶이었다.**

나는 지저분한 방에서 벗어나 미니멀리스트로 거듭났다.
물건을 줄이자 나 자신도 달라졌다.

* 자신에게 필요한 물건을 최소한으로 줄이거나 중요한 것을 위해 그 외의 것을 줄이는 일을 '미니멀리
즘', 이를 실천하는 사람을 '미니멀리스트'라고 합니다.

이런 방에서 살았다!

1. 비좁은 공간에 소파가 두 개나 있었다. 옷을 벗어 아무렇게나 던져두었더니 이런 예술 작품이 탄생!
2. 잔뜩 어지럽혀진 책상에서 맥주를 마시고 과자를 먹으면서 게임을 즐겼다. 이러니 살이 찔 수밖에.
3. 한때 앤티크 카메라나 잘 알지도 못하는 램프 등을 옥션에서 사 모으며 흡족해하곤 했다.
4. 거실 통로 한쪽 벽면을 가득 메운 책장. CD와 DVD도 잔뜩 사서 갖춰놓았지만 별로 쓸모가 없었다.

미니멀리스트가 되다!

지저분한 방에서 간신히 탈출했을 때의 방 사진. 마음에 드는 물건도 갖추면서 정리하니 깨끗하고 평범한 방이 되었다.

책을 모두 처분하고 책상과 의자마저 없애자 상당히 말끔해졌다. 여기서 멈추면 심플 라이프!

매트리스와 테이블, 텔레비전까지 처분하고 소품 상자를 테이블로 사용한다. 홀가분한 기분으로 생활하는 하루하루.

미니멀리스트의 모델하우스

10년 만에 이사하면서 내가 선택한 곳은 부엌이 하나 딸린 20제곱미터(약 6평) 정도의 평범한 원룸이다. 혼자 사는 미니멀리스트의 공간답게 아무것도 없는 그냥 '방'이다.

잠을 잘 때 내 방은 이런 모습이다. 미니멀리스트들이 애용하는 아이리스 오야마(일본의 생활용품 전문회사)의 에어리 매트리스. 햇빛이 방 안을 비추면 아침에 일어나는 일조차 즐겁다.

옷장에는 다운재킷과 양복이 한 벌씩만 있다. 그리고 흰색 셔츠와 바지. 스티브 잡스처럼 사복의 제복화를 실천하고 싶다.

밥은 직접 해 먹고 식기도 1인용만 두고 있다. 자주 사용하는 식기만 갖고 있어 전부 설거지해도 시간이 얼마 걸리지 않는다. 단순한 디자인만 골랐다.

얇은 지갑에는 집 열쇠와 자전거 열쇠를 매달아둔다. 이 사진을 찍은 아이폰을 주머니에 넣고 어디든지 훌쩍 나간다.

선반도 두지 않고 린스도 없다. 액체 비누 하나로 목욕까지 한다. 목욕을 마치면 무명천으로 머리부터 발끝까지 닦는다.

원조 미니멀리스트의 방

미니멀리스트 붐을 이끈 인물 중 한 명인 히지(ﾋｼﾞ)의 방. 마치 선방(禪房)을 연상케 하는 심플한 방에 최신 휴대형 전자기기만 있다. 이 방을 보고 많은 미니멀리스트들이 영향을 받았다.

profile

히지. 현역 증권 딜러. 만화와 모모클로(일본의 걸그룹 모모이로 클로버Z)에 정통하다. 2012년 무렵부터 블로그를 개설해 미니멀리스트 블로거의 막을 연 1인으로 미니멀리스트 붐을 이끌었다.
– 물건을 갖지 않는 미니멀리스트 minimarisuto.jp

히지의 소개로 미니멀리스트들의 애용품이 된 에어리 매트리스. 접은 뒤 베개를 올려놓으면 소파로 변신한다.

통로에는 아무것도 나와 있지 않다. 휴지통도 놓아두지 않는다. 냉장고와 전기밥솥, 전자레인지 같은 꼭 필요한 물건만 있다.

휑해 보이는 옷장. 평소에는 이 안에 넣어두는 최신 랩톱 태블릿 서피스 프로Surface Pro와 접이식 의자를 펼치면 훌륭한 서재가 된다.

마루에는 아무것도 없어 친구가 놀러 오면 보드게임을 즐길 수 있다. 히지가 추천한 카르카손느Carcassonne 게임을 하는 중.

소니의 헤드 마운티드 디스플레이를 착용한 히지. 텔레비전이 없어도 레코더를 연결해 방송을 볼 수 있다. 공포 영화도 실감 나게 즐길 수 있다.

둘이서 꾸미는 아늑한 미니멀 하우스

부부가 함께 미니멀리즘을 실천하고 있는 오후미ofumi 부부. 77제곱미터(약 23평) 집에서 44제곱미터(약 13평) 집으로 이사하면서 버린 물건이 무려 130킬로그램이라고. 마음에 드는 물건을 소중히 하면서 미니멀 라이프를 실천하고 있다.

profile

부부가 모두 미니멀리스트다. 집을 짓기 직전에 소유하지 않는 삶, 미니멀리즘에 눈을 떴다.
- 아내 오후미ofumi: 미니멀리스트 일기
  mount−hayashi.hatenablog.com, Instagram(@ofumi_3)
- 남편 티tee: 늦게 찾아온 미니멀리스트 minimaltee.hateblo.jp

깔끔한 일본식 방에 패션 브랜드 소우소우Sou·sou의 핸드메이드 제품을 걸어 벽면에 악센트를 주었다.

다이어리에 단샤리断捨離(최근 일본의 베이비붐 세대를 중심으로 유행했던 운동. 끊고断 버리고捨 떠난다離는 뜻으로 물건에 대한 집착을 버리는 것을 의미한다─옮긴이)를 실천한 물건을 그림일기로 쓴 뒤 블로그에 올린다. 배색이나 그림의 짜임새 등 정성을 들인 흔적이 엿보인다. 보고만 있어도 즐거워지는 그림일기.

친구들에게 받은 선물은 최소한으로 줄여 누가 보아도 소중하다는 느낌이 들도록 깔끔하게 진열했다. 비둘기시계, 강아지 장식품, 우쿨렐레. 너무 많지도 적지도 않게 조화를 이룬 모습이다.

거실 벽에는 미나페르호넨mina perhonen 브랜드의 패브릭 액자를 걸었다. 여기에 심플한 시계를 배치해 앙증맞으면서도 고요한 정원 같은 공간의 멋을 살렸다.

가족이 함께 실천하는 미니멀 라이프

자녀 둘과 부부로 구성된 4인 가족도 이처럼 깔끔하게 지낼 수 있다. 이 집에 배치된 가구들은 구석구석까지 청소할 수 있고 편안하다. 가족이 함께 지내기에 이상적인 주택 공간.

profile

야마ゃ₆. 남편과 자녀 둘이 생활하기에 최상의 미니멀 라이프를 추구한다. 가구와 양복도 직접 만들어 사용하며 안정된 공간의 미를 추구한다.

– 적은 물건으로 깔끔하게 산다 yamasan0521.hatenablog.com

정원도 최소한의 식물만으로 산뜻하게 꾸몄다. 물푸레나무는 집의 내부가 밖에서 보이지 않게 가려주는 역할을 한다. 나무 패널로 만든 울타리도 직접 만들었다.

예전에 가족의 서재로 사용하던 공간으로 아무것도 놓지 않았다. 아무것도 없기에 다양한 용도의 복합공간으로 사용할 수 있다.

필요한 것을 최소한으로 줄인 인테리어는 가족이 서로에게 집중할 수 있게 해준다. 인테리어의 색상도 눈에 편안하도록 최소한으로 선택해 색상의 미니멀리즘을 추구했다.

침실로 사용하는 일본식 방. 붙박이 옷장 안 공간도 흰색으로 통일했다. 그리고 부부 사이에도 서로의 물건에 간섭하지 않기로 규칙을 정했다.

야마의 여름옷 여덟 벌. 옷의 개수도, 색상도 미니멀리즘을 추구했다. 옷을 최소한으로 줄이면 다림질도 줄어들어 소중한 시간이 생긴다.

배낭 하나면 세계 일주도 가능하다

미니멀리스트 이토 고타伊藤光太의 배낭 속 물건들. 4년의 시행착오를 거친 후 엄선한 장비들로, 이것만 있으면 세계 일주를 해도 충분하다.

profile

이토 고타. 노트북을 들고 세계를 누비며 음악을 만드는 젊은 모험파 미니멀리스트. 소장품의 최종 리스트는 블로그에서 확인할 수 있다.
– 미니멀리스트 뮤직 프로듀서 minimalist-music-producer.com

① 맥북 프로MacBook Pro
이것 하나면 어디서든 음악을 만들 수 있다. 이토는 세계 각지를 돌아다니며 음악을 만드는 일을 한다.

② 소이어Sawyer 미니
유해한 병원균을 제거해주는 고성능 이동식 정수기. 더러운 물이라도 이것만 있으면 안심하고 마실 수 있다.

③ 그라나이트기어 파우치
등산·캠핑용품 브랜드 그라나이트기어의 트레일 손가방. 가볍고 튼튼한 나일론 소재로 되어 있어 귀중품을 넣는 데 유용하다.

④ 침낭
해먹에서 잘 수 없는 추운 곳에서 사용하는 침낭. 스포츠용품 브랜드 몽벨의 Down Hugger 800#3 이라는 모델이다.

⑤ 헤네시Hennessy 해먹
텐트와 해먹을 이것 하나로 해결한다. 걸 수 있는 장소만 있으면 어디서든지 잠자리로 변신하는 뛰어난 제품이다.

⑥ 벨트램프
블랙다이아몬드 제품으로 어두운 장소를 밝혀줄 뿐만 아니라 랜턴 대용으로도 사용할 수 있다.

⑦ 스파이벨트
몸에 감아서 사용하는 신축성 있는 스파이벨트. 귀중품은 언제나 몸에서 떼어놓지 않는 것이 기본이다.

⑧ 소니 헤드폰 MDR-IADAC
디지털 데이터가 곧바로 헤드폰 내부에서 소리로 변환돼 깨끗한 음질을 자랑하는 고해상도 음원 제품이다.

⑨ 아이폰 & 방수팩
다기능의 아이폰은 필수다. 해저 60미터까지 방수되는 록색LOKSAK 방수팩에 넣으면 어디든지 가지고 다닐 수 있다.

⑩ 소니 카메라 αNEX-5N
소니의 디지털 일안 반사식 카메라(렌즈와 필름 사이에 움직이는 거울을 사용해 화상을 매트 초점 스크린에 투사하는 카메라─옮긴이). 이토는 SIGMA 30mm F2.8 DN이라는 렌즈를 부착해 사용한다.

⑪ 아마존 킨들Amazon Kindle
말하지 않아도 다 아는 전자책 단말기. 비용 대비 성능이 뛰어난 표준 모델을 선택했다.

⑫ 쉬마그
아라비아 스카프. 머플러뿐만 아니라 마스크, 모자, 수건으로 사용할 수 있으며 긴급 시에는 여과기로도 쓸 수 있다.

⑬ 세탁물 건조 로프
호주의 아웃도어용품 브랜드 시투서밋SEA TO SUMMIT의 편리한 건조 로프. 작은 데다 세탁물이 떨어지지 않는 구조로 되어 있다.

⑭ 여권
여권은 항상 가지고 다닌다. 비상용 달러와 함께 록색 팩에 넣어서 보관한다. 가장 중요한 소지품.

⑮ 레토르트 식품
항상 먹는 돈베 컵우동도 쓸데없는 쓰레기가 나오지 않는 파우치형으로 준비한다.

⑯ 레더맨 다용도 멀티 도구
레더맨 스쿼트 PS4라는 모델의 멀티툴multi-tool, 가위, 나이프, 줄, 칼 등 다기능 도구다.

⑰ 충전기 & 전원 케이블
중요한 디지털 제품들의 전원 케이블과 충전기 등은 실나일론SilNylon 소재의 이글크릭Eagle Creek 파우치에 잘 보관한다.

⑱ 비상용 담요
쌀쌀한 날씨에도 사용할 수 있는 비상용 담요. 에스오엘SOL 제품으로 감촉이 가슬가슬하지 않고 부드럽다.

⑲ 보스 사운드 링크 미니 스피커
블루투스 스피커. 음악을 생업으
로 하는 이토에게 없어서는 안 될
제품이다. 고급 콤보 스피커를 능
가하는 음질이다.

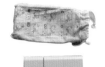

⑳ 변환 플러그 어댑터
해외에서 필수인 플러그 어댑터.
생활용품 판매점 무인양품無印良品
에서 구입한 미니멀한 디자인의
어댑터다.

㉑ 몰스킨Moleskine 노트
다른 여행자에게 메시지를 받거나
일기를 쓰기도 하는 아날로그 노
트다.

㉒ 몰덱스MOLDEX 귀마개
최고 수준의 차단 효과를 제공하
는 귀마개. 고인그린Goin Green이라
는 모델이다. 온갖 소음을 최소한
으로 줄인다.

㉓ 휴대용 비누
시투서밋의 휴대용 비누. 종이 형
태로 사용할 만큼만 꺼내서 쓸 수
있다. 이 비누로 간단한 세탁도 할
수 있다.

㉔ 여행 용구 세트 가방
FM라디오, 손톱깎이, 라이터 등
자잘한 도구를 기능적으로 수납할
수 있는 가방. 매실 엑기스도 넣어
다니면 좋다.

제4장
물건을 줄인 후 찾아온 12가지 변화

제5장

행복은 느끼는 것이다

우리에게 더 이상 물건은 필요 없다

이 책에서 전하고 싶은 메시지는 행복의 모범 답안과는 정반대다. 사실 요즘은 많이 가질수록 행복하다거나 앞으로 어떤 일이 생길지 모르니 최대한 모아둬야 한다는 의식이 팽배하다. 뭐든 돈으로 해결할 수 있다 보니 사람들은 자연스레 얼마를 가졌느냐에 따라 다른 사람을 판단하곤 한다.

'돈만 있으면 뭐든지 살 수 있어. 그래, 사람의 마음도 살 수 있지. 마치 물건처럼 말이야. 사람의 마음을 살 수 있다면 행복도 살 수 있겠지. 그러니 돈을 벌자. 나만 손해 보기는 싫어!'

10년 동안 줄곧 도쿄의 나카메구로 中目黒에서 살았다. 굳이 이 동네를 고집한 별다른 이유는 없다. 단지 누가 어디 사느냐고 물으면 "나카메구로에 살아요."라고 대답하며 뿌듯해하고 싶었을 뿐이다. 그러다 최근에 시나가와品川구 후도마에不動前로 이사했다. 집세는 월 6만 7,000엔으로 전에 살던 나카메구로의 집보다 2만 엔이나 싸다.

그동안 저축해놓은 돈은 이사하느라 거의 바닥이 나버렸다. 결혼도 하지 않았는데 이 나이가 되도록 이렇다 할 재산도 없는 나를 보며 혀를 끌끌 차는 사람도 있을 것이다. 쓸데없이 자존심만 강했던 예전의 나라면 남들에게 절대 말하지 못했을 창피한 이력이다. 하지만 아무렇지도 않다. 지금 이대로도 나는 충분히 행복하다.

10년 전, 나는 어떻게 해서든 출판 일을 하고 싶었다. 돈이나 물건이 아닌 가치관을 다루는 일을 하고 싶다는 게 그 이유였다. 하지만 변하지 않을 것 같던 초심은 일을 시작한 후 조금씩 빛이 바래갔다. 사양길에 들어선 출판업계에서 살아남으려면 일단 잘 팔리는 책을 만들어야 했다. 그렇지 않으면 아무리 좋은 책을 내고 싶어도 애초에 책 만드는 것 자체가 불가능해진다. 그런 상황을 겪으며 나는 서서히 '어른'이 되어갔다. 처음의 순수한 마음과 뜨거운 열정은 어느덧 식어버렸고 마침내 현실 앞에 무릎을 꿇었다. 그렇다. 나는 '뭐니 뭐니 해도 돈이 최고지!'라는 가치관에 굴복하고 말았다.

그런데 물건을 많이 버리고 나자 내 안의 가치관이 완전히 뒤바뀌었다. 자신에게 필요한 최소한의 물건만 소유하는 미니멀리스트, 즉 최소주의자의 삶은 단순히 방이 깨끗해져서 기분이 좋다든가, 청소하기 편하다는 표면적인 장점뿐만 아니라 훨씬 더 깊은 본질에 그 가치가 있다. 바로 내가 어떻게 살아갈지를 생각하는 것, 누구나 추구해 마지않는 행복을 되짚어보는 일이다.

나는, 쓰레기였다!

사람은 누구나 행복한 삶을 꿈꾼다. 그래서 매일 공부하고 일하며 육아와 스포츠, 취미 활동에 힘쓴다. 남의 눈에는 이런 삶이 지나치게 가혹하고 고독하며 불행을 택한 것처럼 보일지라도 그 모두가 행복을 추구한 결과다.

나 역시 물건을 버리지 못하고 쌓아두면서 그것이 나의 가치이자 행복으로 이어진다고 믿었다. 이 책 앞부분에 실린 방 사진을 보면 알 수 있듯이 나는 물건을 무척 좋아하고 잘 버리지 못하는 사람이었다. 하지만 갖고 싶은 것들을 다 가지고서도 늘 다른 사람과 비교하면서 비참한 기분에 빠지곤 했다. 내가 무얼 해야 하는지 깨닫지 못해 혼란스러웠다. 무슨 일이든 깊이 생각하지 못한 채 시간을 허비했고, 출판 일 역시 그렇게 갈망해서 선택한 직업임에도 후회하기 시작했다. 걸핏하면 술에 의지했다. 나는 고작 이 정도밖에 안 되는 인간이라고 체념하면서 그저 모든 것에 익숙해져갔다.

가끔씩은 지저분한 방을 탈출하기도 했다. 주말에 여자 친구가 오면 부랴부랴 방을 치우고 보이는 부분만 청소하면 나름대로 봐줄 만했다. 감각 있고 세련된 소품들을 잘 배치해놓고 간접 조명으로 아늑한 분위기를 만들곤 했다.

하지만 평소에는 늘 책이 여기저기에 쌓여 있었다. 책장에 다 들어가지 않아 널려 있는 책들. 언젠가 읽어야겠다고 생각만 하면서 대충 넘겨보기만 한 게 대부분이었다.

누군가 벽장을 열어보기라도 하면 큰일이었다. 마음에 들어서 샀던 옷들이 엉망으로 뒤섞여 있었기 때문이다. 오랜만에 입어볼까 싶어 몸에 대보기도 하지만 역시 입고 나갈 용기는 나지 않는다. 하지만 몇 번 입지도 않은 데다 비싼 돈을 주고 산 옷들이니 언젠가 햇볕 좋은 날 세탁해서 다림질을 싹 하면 멋지게 입을 수 있을지도 모른다는 생각에 다시 벽장에 집어넣곤 했다.

중간에 때려치운 취미 용품들도 늘 바닥에 굴러다녔다. 먼지를 뒤집어쓴 초보자용 기타와 앰프, 시간이 나면 시작해보려고 사둔 영어 회화 교재 등이 방바닥에 그냥 놓여 있었다. 멋진 앤티크 카메라에는 필름을 끼워본 적도 없다. 처음엔 잔뜩 의욕에 넘쳐 마구 사들였지만 한 가지를 꾸준히 계속한 적이 없다. 집에서는 주로 녹화해둔 버라이어티 프로그램을 다 보고는 스마트폰으로 퍼즐 게임을 할까, 편의점에 가서 술을 사올까 고민하는 게 전부였다.

이렇게 물건이 많았는데도 늘 남과 비교하기만 했다. 한 대학 친구가 도쿄의 고급 아파트에 살고 있었는데, 현관부터 눈부시게 화려했고 거실에는 북유럽풍 가구와 식기가 진열되어 있었다. 친구의 따뜻한 대접을 받으며 나는 쩨쩨하게도 집세를 머릿속으로 계산하곤 했다. 친구는 대기업에 입사해 많은 연봉을 받으며 안정된 생활을 하고 있었다. 게다가 아름다운 아내와 귀여운 아기도 있었다. 딱 봐도 부티 나는 옷을 입은 아기의 재롱을 보며 생각했다.

'대학 다닐 때는 나와 별반 차이가 없었는데, 대체 이 친구와 나의 삶은 어디서부터 무엇 때문에 달라진 것일까?'

친구의 아파트 앞에서 흰색 페라리 오픈카가 여봐란 듯이 교차로를 달려 사라져갔다. 지금 내가 살고 있는 아파트를 한 두 채쯤 살 수 있는 가격이겠지? 친구에게 5,000엔을 주고 산 자전거의 페달을 힘껏 밟으며 저 멀리 사라져가는 페라리를 바라봤다.

가끔은 한 방에 인생이 역전될 수도 있다는 실낱같은 기대를 품고 복권을 샀던 적도 있었다. 지금의 내 수입으로는 도저히 미래를 꿈꿀 수 없다는 이유로 여자 친구에게 차이기도 했다. 이 모든 열등감과 질투를 교묘히 숨기고 나는 아무렇지도 않은 듯이 행동했다. 솔직히 말해서 예전의 나는, 쓰레기였다.

물건을 버리고 불행도 함께 버리다

누군가가 내게 말했다. "물건을 버렸을 뿐이면서!"

분명 나는 물건을 버렸을 뿐이다. 아직 아무것도 이루지 못했고, 남들에게 자랑할 만한 일은 하나도 없다. 하지만 이것만은 자신 있게 말할 수 있다. 물건을 줄인 후 나는 매일 행복을 느낀다. 행복이 무엇인지를 조금씩 알아가고 있다.

예전의 나처럼 비참했던 사람, 자신을 남과 비교하는 사람, 그래서 불행하다고 생각하는 사람이 있다면 일단 물건에서 벗어나보라고 말하고 싶다. 물론 처음부터 물건에 대한 집착이 없거나 넘쳐나는 물건의 카오스 속에서도 보물을 발견하는 천재도 있다. 그렇지만 나는 평범한 사람이 더욱 평범한 행복을 느낄 수 있는 길, 늘어난 물건들 속에서 잃어버린 우리 본연의 삶에 대해 이야기하고자 한다.

누구나 행복해지길 원한다. 하지만 그렇게 간절히 원해서 손에 넣은 물건으로는 아주 잠깐 동안만 행복할 뿐이다. 우리는 행복에 대해 정말로 아는 것이 없다. 물건을 줄이는 일은 행복에 대해 다시 한번 생각해보는 일이다. 이 말도 과장되게 들릴까? 하지만 나는 진심으로 그렇게 생각한다.

사사키 후미오

Minimalist

제1장

누구나 **처음**에는 **미니멀리스트**였다

우리는 행복해지기 위해서가 아니라
남들에게 행복하게 보이기 위해 애쓴다.

_라 로슈푸코

．
．
．

물건을 최소한으로 줄이는
미니멀리스트의 삶.
지금 왜 미니멀리스트에 주목해야 하는지
그 이유를 찾아보자.

소유할수록 잃어버리는 것들

세상에 태어나면서 손에 뭔가를 쥐고 나온 사람은 단 한 명도 없다. 태어났을 때 우리는 누구나 미니멀리스트였다. 그러나 자라면서 필요한 것 이상의 물건을 꽉 움켜쥘 때마다 우리는 그만큼의 자유를 빼앗긴다.

나 자신의 가치는 갖고 있는 물건의 합계가 아니다. 물건으로 행복해지는 건 아주 잠깐 동안일 뿐이다. 필요 이상으로 많은 물건은 에너지와 시간은 물론, 결국에는 모든 것을 빼앗아간다. 이런 사실을 느끼기 시작한 사람들이 바로 미니멀리스트다.

소유한 물건을 줄인 미니멀리스트가 날마다 느끼는 상쾌함은, 설령 지금 물건에 둘러싸여 사는 사람이라도 상상은 할 수 있을 것이다. 물건을 줄였을 때 느끼는 홀가분한 기분은 누구나 경험한 적이 있을 테니 말이다.

여행을 예로 들어보자. 여행을 떠나기 전, 출발 시각이 다가올 때까지도 짐을 꾸리느라 여념이 없다. 가지고 갈 물건의 목록을 몇 차례나 확인했는데도 뭔가 빠뜨린 것 같은 기분이 든다.

이제 출발할 시각이다. 왠지 찜찜하지만 서둘러 짐 싸기를 끝내고 현관문을 나서 여행 가방을 끌기 시작한다. 그렇게 집을 뒤로하고 나아가는 순간의 해방감이란! 이 트렁크 하나만 있으면 당분간 살아갈 수 있다. 혹시 집에 뭔가를 두고 왔을지도 모른다. 하지만 필요한 물건이 있으면 그때그때 현지에서 구하면 된다.

숙소에 도착해서 짐을 풀고 방에 누워 뒹굴 때의 기분은 말할 것도 없다. 대개 여행지의 숙소에는 놓여 있는 물건이 별로 없고 깨끗하다. 그래서 마음이 편하다. 홀가분하게 빈손으로 산책이라도 나가면 세상 어디까지라도 갈 수 있을 것 같은 기분이 든다. 당장 해야 할 일도 없고 오롯이 자유를 누리는 시간이다. 이렇게 누구나 한 번쯤은 미니멀리스트가 되어본 적이 있을 것이다. 물론 그 반대의 상황도 우리는 이미 겪어봤다.

여행에서 돌아오는 공항 안이다. 처음 출발할 때 트렁크에 차곡차곡 정리돼 있던 짐은 마구 흐트러져 있다. 추억을 남기려고 각지에서 산 기념품은 트렁크에 다 들어가지 않아 쇼핑백에 대충 집어넣고 양손에 하나씩 들고 있다. 여행지에서 생긴 입장권이며 영수증은 나중에 정리하려고 일단 주머니에 구겨 넣었다.

수하물 검사대 앞, 가장 중요한 비행기 티켓이 어디에 있는지 기억이 나지 않는다. 어디에 두었더라? 여긴가? 저긴가? 당황스러운 나머지 얼굴은 빨개지고 미간이 절로 찌푸려진다. 뒤에 줄 선 사람들의 따가운 시선이 느껴진다. 감당하기 힘들 정도로 물건을 많이 갖고 있다 보니 이렇게 곤혹스러워지는 경우가 생긴다. 다른 물건들 때문에 정작 중요한 물건이나 일에는 생각이 미치지 않는 것이다. 그러나 우리는 갖고 싶은 물건을 손에 넣기 위해, 갖게 된 물건을 보관하고 유지하기 위해 소중한 시간과 에너지를 다 써버리곤 한다. 그리하여 도구여야 할 물건은 어느새 주인이 되어버린다. 영화 〈파이트 클럽〉의 타일러 더든(브래드 피트 역)은 이렇게 말했다.

"너는 결국 네가 가진 물건에 소유당하고 말 거야."

———

물건의 홍수 속에서 핑계만 대다

물건을 쌓아두고 살던 시절, 나의 하루 일과는 다음과 같았다. 일을 마치고 집으로 돌아오면 우선 옷을 벗어 소파에 던져놓는다. 그러고는 욕실에 들어가 깨진 지 오래된 세면대에서 이를 닦고 샤워를 한다. 미리 녹화해둔 텔레비전 프로그램과 잔뜩 빌려둔 영화 DVD를 보면서 큰 맥주 캔 하나를 비운다. 맥주가 떨어지면 와인을 마신다. 보통은 와인을 한 병 다 마시고도 부족해서 취한 채로 편의점에 뛰어가곤 한다.

'술은 행복을 주는 것이 아니라 불행을 일시 정지시킬 뿐이다.'

언젠가 들었던 이 말처럼, 나는 비참한 나 자신을 한순간이라도 좋으니 어떻게든 잊고만 싶었다.

다음 날 아침, 이불 속에서 한참이나 꾸물거리다 마지못해 일어난다.

10분 간격으로 맞춰둔 알람을 계속 무시하다가 날이 훤히 밝아오면 겨우 일어난다. 전날 마신 술 때문에 머리가 지끈거리고 몸은 늘어진다. 화장실에 앉아 늘어난 뱃살을 확인하며 볼일을 본다. 한밤중에 건조 버튼을 누른 채 그대로 둔 세탁기에서 구겨진 옷을 꺼내 입는다. 그리고 전날 쌓아둔 설거지거리를 흘낏 곁눈질하고는 현관문을 나선다.

　항상 똑같은 출근길에 싫증을 느끼며 일터로 향한다. 출근해서도 바로 일을 시작하지 않는다. 아직 두뇌 엔진이 가동되지 않은 탓이다. 일단 컴퓨터를 켜고 인터넷 사이트를 들여다보며 시간을 허비한다. 그러다가 메일이 와서 재빨리 회신하거나 자판을 빨리 두드릴 때면 스스로 일을 잘하고 있다고 착각한다. 오후에는 밀린 잡무를 처리하는 데 열중하느라 정말로 중요한 일에는 손도 대지 못한다. 저녁 시간이 다가오면 그날 일을 끝내서가 아니라 어느 정도 시간이 되었다는 이유로 퇴근을 한다.

　나는 이 모든 일에 주절주절 핑계를 댔다. 더 나은 환경이 주어졌더라면 나도 더 잘할 수 있었을 것이라고 말이다. 아침에 일찍 일어나지 못하는 것은 밤늦게까지 일했기 때문이며 살이 찌는 것은 체질 탓이다. 적은 월급 때문에 넓은 방으로 이사도 못 한다. 방이 좁으니 금세 지저분해져도 어쩔 수 없다. 임대라 내 집도 아닌데 청소는 해서 뭣하랴. 만일 내 집이고 좀 더 넓은 집이라면 분명 나도 깨끗이 해놓고 살았을 것이다.

　나는 처치 곤란한 물건들에 둘러싸여 집이 좁다고 핑계만 댔다. 부정적인 생각만 머릿속에 가득 담아두고 나 자신을 꼼짝달싹 못하게 묶어 버렸다. 쓸데없이 자존심만 강했고, 늘 창피를 당할까 두려워서 하고 싶은 일이 있어도 행동으로 옮기지 못했다.

———

최소의 삶이 가져온 기적

물건을 최소한으로 줄이고 난 후 나의 하루는 완전히 달라졌다. 일을 마치고 집에 돌아오면 욕실에 들어가 목욕을 한다. 여기까지는 똑같다. 하지만 욕조는 반짝반짝하고 깨진 세면대는 말끔히 수리된 상태다. 욕실에서 나오면 마음에 드는 평상복으로 갈아입는다. 그러고 나면 예전처럼 텔레비전을 보지 않고 책을 읽거나 글을 쓴다. 그리고 술도 마시지 않는다. 물건이 없는 확 트인 공간에서 느긋하게 스트레칭을 하고 잠자리에 든다.

아침에는 따사로운 햇살에 눈을 뜬다. 알람은 맞춰놓지 않는다. 물건이 없는 방의 하얀 벽지에 아침 햇살이 반사돼 방이며 거실이 무척이나 밝다. 미적거리며 억지로 일어나곤 했던 아침이 이제는 무척 상쾌하다. 여유롭게 아침 식사를 하고 모카포트로 내린 커피를 마신다. 아침 식사에 사용한 식기는 바로 설거지한다. 설거지를 마치면 좌선 자세로 앉아 명상을 한다. 쓸데없는 일에 정신이 분산되지 않고 한곳에 집중되는 것을 느낄 수 있다.

매일 청소기를 돌린다. 이불을 정리하고 날씨가 좋으면 세탁을 한다. 착착 개켜둔 옷을 꺼내 갈아입고 집을 나선다. 사계절의 변화를 느끼면서 가는 출근길은 늘 즐겁다.

나 자신조차도 같은 사람의 하루라고는 도저히 생각하기 어렵다. 어쨌거나 물건을 버리길 정말 잘했다.

———

내가 버린 물건들

미니멀리스트가 되고 나서 내가 버린 물건들은 다음과 같다.

- 책장과 함께 책 전부(살 때는 모두 100만 엔은 들었을 텐데 팔아넘긴 금액은 단돈 2만 엔이었다).
- 컴포넌트 스테레오와 CD 전부(별로 흥미가 없는 음악에도 조예가 깊은 척했다).
- 혼자 살면서도 꽉꽉 채워두었던 커다란 그릇 장식장.
- 마음에 드는 앤티크 잡화(옥션에서 닥치는 대로 샀다).
- 비싸게 주고 산 헐렁헐렁한 옷, 몸에 딱 붙는 옷 전부(언젠가 살을 빼면 입으려고 갖고 있었다).
- 취미로 사들인 카메라용품 세트(어째선지 암실도 있었다. 정말로 정신이 어떻게 됐었나 보다).

- 자전거를 정비하는 다양한 공구(뭐든 철저히 해야 직성이 풀리는 성격이 유감없이 발휘된 물건).
- 먼지투성이의 일렉트릭 기타와 앰프(좌절감을 인정하고 싶지 않아서 한동안 그냥 두었다).
- 혼자 쓰기에는 너무 넓은 책상과 식탁(실제로는 아무도 초대하지 않는데 누군가와 전골 요리를 해먹고 싶다는 생각을 했었다).
- 세미더블 템퍼 매트리스(편안함은 최고지만 어쨌든 무거웠다).
- 작은 방에 어울리지 않는 42인치 텔레비전(스스로 인정한 점이지만 난 영화를 좋아한다).
- 영화를 즐기기 위한 홈시어터와 플레이스테이션 3(이런 전자제품을 무척 좋아했다).
- 하드디스크에 모아놓은 성인 동영상 전부(버릴 때 가장 용기가 필요했던 물건!).
- 필름 시절의 사진들(그때그때 정리하지 못해 사진끼리 들러붙어 있던 것을 모두 스캔하고 버렸다).
- 추억의 편지들(유치원 때부터 버리지 못했다. 이 역시 모두 스캔하고 버렸다).

사실은 이 물건들을 그냥 버릴 수가 없어서 버리기 전에 사진을 찍어두었다(책을 팔 때는 표지도 한 권씩 촬영했다). 그렇게 해서 하드디스크에 저장한 사진이 3,000장이나 된다.

지금 생각해보면 나는 필요한 물건은 전부 갖고 있었다. 커다란 텔레비전, 홈시어터, 컴퓨터, 아이폰 그리고 편안한 매트리스까지. 필요한 물건은 모두 갖고 있었는데도 아직 소유하지 못한 물건에 자꾸 눈길이 갔다.

'2인용 가죽 소파가 있으면 여자 친구와 함께 우아하게 영화를 볼 수 있을 텐데(영화를 보다가 어깨에 손을 올려도 좋겠지?).'

'잡지에서 본 것처럼 한쪽 벽면을 책장으로 꾸며놓으면 틀림없이 지적으로 보일 거야.'

'널찍한 발코니가 있으면 친구를 불러 파티를 열 텐데.'

'잡지에서 본 그 소품이 내 방에도 있으면 인테리어 감각이 있다는 소리 들을 텐데.'

필요한 물건은 전부 갖고 있으면서도 내게 없는 물건에만 온통 신경이 쏠려 있으니 조금도 행복하지 않았다. 저것만 손에 넣으면 나는 행복해질 수 있는데, 저것이 없어서 행복하지 않다는 생각만 들었다.

―

물건에 대한 집착이 낳은 불행의 악순환

미니멀리스트가 된 계기는 사람마다 다를 것이다. 주변 사람이 물건으로 인해 생활이 망가지는 것을 지켜본 사람, 돈이 많아 물건을 마구 사들였지만 전혀 행복하지 않은 사람, 이사가 잦아 차츰 짐을 줄인 사람,

우울증에서 벗어나고자 애쓰는 사람, 원래 물건에 집착하지 않는 사람, 지진이나 사고로 가치관이 바뀐 사람 등 계기는 다양하다.

나는 전형적인 '지저분한 방' 출신이다. 더러운 방에서 반동으로 생겨난 미니멀리스트라고나 할까. 예전의 나는 물건을 절대 버리지 못하는 사람이었다. 물건을 너무 좋아하다 못해 집착하는 편이었다. 그리고 나와 관련된 어떤 물건에도 남다른 애정을 느꼈다. 심지어 직장에서 누군가 내 앞으로 전화가 왔었다고 남겨놓은 메모지조차도 그 사람이 나를 위해 시간을 들여 적어주었다고 생각하면 차마 버릴 수 없었다. 나는 그런 사람이었다.

17년 전, 본가가 있는 가가와香川 현에서 도쿄로 올라와 혼자 살기 시작했을 때 내 방에는 필요한 물건 외에 아무것도 없었다. 하지만 무엇 하나 선뜻 버리지 못하는 성격 탓에 세월이 흐르면서 물건은 점점 늘어났다. 그리고 나는 사진 찍기를 좋아했다. 무엇이든지 추억이 될 만한 것은 모두 사진으로 남겨놓고 싶었다. 모든 순간을 보존해두고 싶었기 때문이다.

다 읽은 책도 마찬가지다. 내가 읽은 책은 나 자신의 일부로 느껴져 버리고 싶지 않았다. 흥미롭게 본 영화나 좋은 음악이 있으면 다른 사람에게도 보여주고, 들려주고 싶어서 반드시 소장하곤 했다. 그 밖에도 언젠가 시간이 되면 꼭 해보고 싶은 취미가 참 많았다. 물건이 늘어날 수밖에 없었고 버리지도 못했다.

'아까워! 비싸게 주고 샀는데.'

'아직 사용할 수 있어. 나중에 쓸 일이 생길지도 몰라.'

'사놓고 쓰지 않은 나 자신을 인정하고 싶지 않아.'

온갖 이유를 들먹이며 버리지 못했고 물건은 쌓여만 갔다. 지금과는 정반대의 사고방식이다. 나는 맥시멀리스트maximalist, 즉 최대주의자였다. 일단 무엇이든 보관했다. 물건을 살 때는 가급적 고품질에 고성능이어야 했고, 크고 묵직한 제품을 선호했다.

그렇게 늘어난 물건에 휘둘려 에너지를 소진했다. 모처럼 사들인 물건을 제대로 활용하지 못한다는 생각에 늘 자책하기만 했다. 물건이 아무리 많아도 내게 없는 물건만 눈에 들어왔고, 나도 모르게 다른 사람을 시샘했다. 너무나 많아져버린 물건들을 버리지 못하고 변명만 늘어놓다가 자기혐오에 빠지는 악순환을 반복했다.

그러던 내가 물건을 버리면서 달라지기 시작했다. 물건이 지나치게 많으면 확실히 문제가 생기는 부분이 있다. 만일 예전의 나처럼 불만투성이에 불행하다고 느낀다면 물건을 줄여보라. 반드시 뭔가가 바뀔 것이다. 유전이나 환경 탓이 아니다. 성격이나 과거의 트라우마 때문도 아니다. 지나치게 많이 소유한 물건이 당신을 무너뜨리고 있다.

―

우리는 모두 미니멀리스트였다

태어날 때는 아무것도 가지고 있지 않듯이 우리는 모두 미니멀리스트였다. 산업화 이전, 일본에 온 외국인들은 일본인들이 고작 두세 벌의 옷을 갖고 있는 데 깜짝 놀랐다. 하지만 옷차림은 늘 말쑥하고 청결했다. 그렇다. 과거에 우리는 옷을 10벌도 갖고 있지 않았지만 가벼운 차림새에 건강한 다리로 어디든 걸어서 다녔다. 또한 큰 집을 으리으리하게 짓는 게 아니라 금세 다시 지을 수 있는 작은 집에서 검소한 생활을 했다. 옛 일본인의 모습은 미니멀리스트 그 자체였다.

일본의 다실茶室 또한 미니멀리즘 문화를 증명하는 사례다. 다실 안에 쓸데없는 물건은 아무것도 없다. 다실의 입구는 아주 작아서 거만하게 으스대는 자세로는 들어갈 수조차 없다. 심지어 무사라고 해도 칼을 갖고 들어가지 못한다. 다실 안에서 지위나 부 따위는 아무 의미도 없다. 부자든 가난한 자든, 훌륭한 사람이든 그렇지 않은 사람이든 관계없다. 단지 사람과 사람이 서로 마주하고 한 잔의 차를 느긋하게 음미한다. 그리고 오직 서로를 생각한다.

미니멀리즘의 선두주자, 스티브 잡스

미니멀리즘 하면 미국의 애플을 떠올리지 않을 수 없다. 애플의 창업자인 스티브 잡스 역시 미니멀리스트다. 그래서일까, 미니멀리스트들 중에는 애플 제품을 선호하는 사람이 많다.

잡스가 만들어낸 물건은 하나같이 불필요한 부분을 최소한으로 줄였다. 아이폰에는 버튼이 한 개밖에 없다. 맥 컴퓨터에는 불필요한 단자도, 케이블도 없다. 제품 박스에는 설명서조차 들어 있지 않다. 설명서

없이도 충분히 조작할 수 있을 만큼 구성이 간소하기 때문이다. 이는 잡스가 미니멀리스트였음을 증명한다. 생전에 그는 미니멀리즘의 사상적 바탕이 되는 선禪 사상에 심취했다.

잡스가 선의 영향을 크게 받았다는 사실은 잘 알려져 있다. 그는 선종의 한 종파인 조동종曹洞宗의 승려 오토가와 고분乙川弘文을 스승으로 여겼으며, 한때는 일본의 조동종 사찰인 에이헤이지永平寺에서 선 수행에 몰두하고 싶어 했다. 잡스가 모든 제품에서 필요 없는 부분을 없애고 미니멀하게 만든 것은 선 문화를 접한 영향이 크다.

잡스는 마음에 들지 않는 부분에 대해서는 말을 거칠게 하고 결코 타협하지 않았던 것으로 유명하다. 특히 미니멀하지 않은 것, 즉 복잡하고 불필요한 물건을 싫어했다.

———

소중한 것을 위해 줄이는 사람, 미니멀리스트

미니멀리스트를 간단히 정의하면 물건을 최소한으로 줄이는 사람이다. 그렇다면 얼마나 물건을 줄여야 미니멀리스트라고 할 수 있을까? 물론 구체적으로 기준을 정해도 그 기준에서 벗어나는 예가 있기 마련이다. 그래도 정의를 내린다면 내가 생각하는 미니멀리스트는 이런 사람이다.

자신에게 정말 필요한 것이 무엇인지 아는 사람

소중한 것을 위해 줄이는 사람

만일 소유한 물건이 100개가 넘으면 미니멀리스트가 아니고, 100개 이하로 줄이면 미니멀리스트일까? 집에 텔레비전이 있으면 미니멀리스트가 아니고, 여행 가방 하나에 전부 넣을 수 있을 정도로 소유한 물건이 적으면 미니멀리스트일까? 그렇지 않다. 미니멀리스트가 되는 데 따로 정해진 규칙은 없다.

요즘은 다양한 주거 생활을 시도하는 사람들이 있다. 직접 만든 발포 스티롤 집을 메고 걸어 다니며 이동 생활을 하는 무라카미 사토시村上慧(미술가. 약 1년간 자신이 만든 집을 메고 전국을 걸어서 여행하며 각지에 지은 자신의 집을 그리고 사진을 찍어 전시했다―옮긴이)나 집 없이 토트백 하나로 이동 생활을 하는 사카쓰메 게이고坂爪圭吾(일본은 물론 전 세계를 자유롭게 돌아다니며 경험한 이야기를 트위터와 '이바야 통신'이라는 블로그에 연재하고 있다―옮긴이)처럼 살아야 미니멀리스트인 걸까? 제대로 된 집에서 사는 사람은 미니멀리스트가 아닐까?

내가 생각하는 미니멀리스트는 자신에게 정말로 필요한 물건이 무엇인지 알고 있는 사람이다. 남의 시선을 의식하며 물건을 갖고 싶어 하는 사람이 아니라 무엇이 소중한지를 알고 그 외의 물건을 과감히 줄이는 사람이다. 무엇이 필요하고 무엇이 소중한지는 사람마다 다르다. 미니멀리즘에 정답은 없다.

미니멀리즘은 목적이 아니다

미니멀리즘, 즉 물건을 줄이는 일은 목적이 아니다. 미니멀리즘은 다른 소중한 것을 발견하기 위한 수단이며 중요한 이야기를 엮어내기 위한 서장序章이다. 물건을 줄이고 나서 내가 발견한 것들을 독자들에게도 보여주고 싶다. 그리고 물건 이외의 미니멀리즘에 관해서도 이야기하고 싶다. 현대사회는 물건이 넘쳐나는 데다 너무 복잡하고 다양하기 때문에 물건에서 시작된 미니멀리즘은 다른 영역으로도 확산되고 있다.

소중한 것을 소중히 하기 위해 소중하지 않은 물건을 줄인다.
소중한 것에 집중하기 위해 그 외의 것을 줄인다.

이런 미니멀리즘의 정의는 모든 상황에 적용할 수 있다.

최고의 미니멀리스트는 누구인가?

미니멀리스트가 언제부터 생겨났는지, 미니멀리스트라는 삶의 방식을 처음 만들어낸 사람이 누군지는 그다지 의미가 없을지 모른다. 마찬가지로 누가 가장 물건을 적게 갖고 있는지, 누가 최고의 미니멀리스트인지 묻는 것도 별 의미가 없다. 누구나 태어났을 때는 아무것도 갖고 있지 않았다.

그래도 꼽아보자면 앞서 언급한 스티브 잡스를 들 수 있다. 그는 완벽한 미니멀리스트였다. 또한 평생 검소하게 살다 간 마더 테레사도 미니멀리스트였다. 테레사 수녀가 세상을 떠났을 때 남은 것은 오래 입어서 낡은 사리와 카디건, 낡은 손가방과 닳아빠진 샌들뿐이었다. 무소유를 설파한 마하트마 간디의 방에는 아무것도 남아 있지 않았다. 고대 그리스의 철학자 디오게네스도 몸에 천 한 장만 걸친 채 물통만 가지고 다녔다. 그런데 하나뿐인 물통마저도 어느 날 어린아이가 물을 손으로 떠 마시는 모습을 보고는 깨뜨려버렸다고 한다.

아마도 물건이 발명된 이래 가장 소유물이 적었던 미니멀리스트는 디오게네스가 아닐까? 그가 소유한 물건은 몸에 걸친 천 한 장밖에 없었다. 챔피언은 이미 결정되었다. 그러니 미니멀리스트를 자처하며 '누가 누가 물건이 적은지 대결하는 것은 전혀 의미가 없다.

———

단샤리, 심플 라이프, 노마드 워크

단샤리, 심플 라이프, 노마드 워크는 모두 거추장스러운 물건을 줄여야 마음 편하고 자유롭게 살 수 있다는 발상에서 나왔다.

단샤리는 기본적으로 요가의 수행법인 단행斷行, 사행捨行, 이행離行의 사고방식을 응용해 인생과 일상생활에 불필요한 물건을 끊고, 버리고, 멀리하는 것을 의미한다. 심플 라이프는 필요 없는 물건을 처분하고 깨끗한 방에서 엄격히 선별된 물건만 두고 지내는 삶의 방식을 뜻한다. 그리고 노마드 워크는 노트북이나 태블릿 등으로 자택이나 사무실 같은 특정 장소가 아닌 어느 곳에서나 일할 수 있는 것, 또는 그렇게 일하는 방식을 일컫는 용어다.

이런 발상은 이미 2010년 무렵 확고히 정착해서 각각 큰 유행의 물결을 이루었다. 2010년에 출간된 곤도 마리에近藤麻理惠의《인생이 빛나는 정리의 마법》은 큰 인기를 끌었고, 몇 년 후 일본에서도 미니멀리스트가 늘어나기 시작했다. 그 배경에는 몇 가지 빠뜨릴 수 없는 요인이 있었는데, 간단히 정리하면 다음 세 가지를 꼽을 수 있다.

① 필요 이상으로 넘쳐나는 정보와 물건
② 물건을 갖지 않고도 일을 해결할 수 있는 기술과 서비스의 발전
③ 2011년 동일본대지진

———

정보 과잉의 시대에 살아남으려면

최근에는 '글로벌화'라는 말을 별로 듣지 못했는데 이는 글로벌화가 이미 당연하게 여겨져 굳이 말할 필요가 없는 단어가 되었기 때문이다. 그도 그럴 것이 이제는 스마트폰만 열면 전 세계에서 일어난 뉴스와 사건이 우리 눈앞에 펼쳐진다. 아마존닷컴을 비롯한 다양한 사이트에서 전 세계의 온갖 물건을 찾아보고 골라 살 수 있고, 전 세계에서 방송되고 있는 TV 프로그램뿐 아니라 라디오도 얼마든지 인터넷으로 들을 수

있다. 또한 트위터나 페이스북, 라인LINE(SNS 애플리케이션. 카카오톡과 거의 같은 기능이다—옮긴이) 등을 통해 이제 막 업데이트된 정보나 음식 소개, 현지 소식을 접할 수 있다. SNS는 가까운 친구뿐만 아니라 전 세계 사람들이 올리는 수많은 콘텐츠를 접할 수 있게 해준다.

인터넷 정보에 관한 2014년 통계 자료에 따르면 유튜브에는 1분에 306시간 분량의 영상이 업로드된다고 한다. 트위터에는 1분에 43만 건의 글이 올라오며 앱스토어에서는 5만 개의 애플리케이션이 다운로드된다. 매일매일 엄청난 양의 정보가 쏟아지고 있다.

5만 년 전에 진화를 멈춘 인간의 뇌

기하급수적으로 증가한 정보량에 비해 인간의 하드웨어는 5만 년 전과 전혀 달라지지 않았다. 다시 말해 우리의 하드디스크이자 메모리, 프로세서인 뇌는 5만 년 전부터 진화하지 못하고 있다. 그렇다고 어느 날 갑자기 애플 같은 기업이 등장해 "우리는 인간을 새로운 디자인으로 바꿨습니다. 예전 버전보다 뇌 회전이 30퍼센트 빨라졌고, 기억 용량은 2배로 늘어났습니다. 신장은 3센티미터 커졌고 체중은 2킬로그램 줄었습니다. 소개하겠습니다. 바로 '아이휴먼 2'입니다." 하고 인간의 하드웨어 혁신을 가져올 것도 아니다.

우리는 진화하지 못한 5만 년 전의 하드웨어에 정보를 지나치게 많이 쏴서 넣고 있다. 한정된 하드디스크의 귀중한 메모리를 타인의 시선을 의식하며 물건을 사고 관리하는 데 낭비하고 있다. 당연히 이런 상태에서는 본래의 중요한 일을 제대로 하지 못한다. 잠깐의 기쁨에 시간과 열정을 낭비할 뿐이다. 때로는 그조차 귀찮아서 스마트폰 게임이나 가십거리, 술 등 손쉽게 자신을 속일 수 있는 일에 빠져버린다. 예전의 내가 그랬다.

느려터진 컴퓨터를 업그레이드하려면

예전의 나는 '처리 중'이라는 아이콘이 빙글빙글 돌고 있는 느려터진 컴퓨터였다. 새로운 일을 하고 싶어도 데이터는 가득 차 있고 해야 할 일도 너무 많았다. 한마디로 먹통이 되기 직전의 컴퓨터처럼 간단한 작업밖에 할 수 없었다. 인간은 하루에 6만 가지 일을 생각한다고 한다. 그중 95퍼센트는 어제와 똑같은 일을 생각하고 있으며, 그 생각의 80퍼센트는 부정적인 생각이라고 한다.

나는 매일매일 미래를 걱정하며 불안해했고 직업을 고민했다. 사람들이 나를 어떻게 생각할지 무척이나 신경 쓰며 살았다. 80퍼센트 정도가 아니라 늘 부정적인 생각밖에 떠오르지 않았던 것 같다. 내 뇌는 언제나 해야 할 작업이 잔뜩 쌓여 있어서 아무리 정보를 입력해도 새로운 답을 내지 못하고 어제와 똑같은 답만 계속해서 내놓는 쓸모없는 컴퓨터였다.

느려진 컴퓨터를 다시 민첩하게 작동시키려면 어떻게 해야 할까? 새로운 컴퓨터가 획기적으로 발명될 전망은 어디에도 없다. 인간이라는 하드웨어가 5만 년 전부터 바뀌지 않았고 앞으로도 바뀌지 않는다면 필요 없는 것들을 줄이는 수밖에 없다. 하드디스크의 데이터를 줄이고, 가동되는 애플리케이션을 줄여야 한다. 우리는 지금보다 더 가벼워져서 새로운 답을 내야 할 때가 왔다.

소유의 개념을 바꾼 21세기 발명품들

오늘날 우리는 첨단기술의 눈부신 발달 덕분에 물건을 소유하지 않고도 지낼 수 있게 되었다. 전화, 카메라, 텔레비전, 오디오, 게임기, 시계, 달력, 손전등, 지도, 메모장, 수첩 등을 일일이 사거나 갖고 다닐 필요가 없어졌다. 이 모두가 스마트폰 덕분이다. 스마트폰의 발명으로 컴퍼스 같은 문구나 지하철 노선도, 영어사전, 통신판매 카탈로그, 예금통장, 심지어 비행기 표도 가지고 다닐 필요가 없어졌다.

　미니멀리스트가 탄생한 배경을 이야기할 때 스마트폰의 발명을 빼놓을 수 없다. 아무리 물건이 적은 사람도 마지막까지 남겨둘 물건은 아마 스마트폰일 것이다. 이것만 있으면 대부분의 일이 가능하기 때문이다. 디지털화가 물건을 줄이는 데 일조한 공은 이루 말할 수 없이 크다. 나 역시 물건을 버릴 때 디지털카메라로 사진을 찍고 난 후 버렸다. 디지털카메라가 아니었다면 어쩌면 지금도 물건들을 계속 갖고 있었을지 모른다.

물건을 줄이기 위한 물건

개인적으로 빠뜨릴 수 없는 물건은 후지쓰 스캔스냅Scan Snap 스캐너다. 이 스캐너는 종이나 사진을 양면 스캔할 수 있는 기능이 있어 많은 물건을 버릴 수 있었다.

가장 먼저 버린 것은 필름 시절의 사진이다. 불과 몇 년 전까지만 해도 늘 가방에 필름 카메라를 가지고 다녔다(그 시절에는 무엇을 그렇게 표현하고 싶었을까?). 덕분에 벽장 안에는 늘 현상한 사진과 네거티브 필름이 넓은 공간을 차지하고 있었다. 이제는 벽장 안을 뒤지지 않아도 쉽게 추억을 되돌아볼 수 있다. 스캔스냅 스캐너가 대량의 사진을 눈 깜짝할 사이에 데이터로 변환시켜 주기 때문이다.

스캐너 덕분에 유치원 때부터 모아둔 손편지와 해마다 쌓인 연하장, 도저히 버릴 수 없을 것 같던 잡지마저도 버렸다. 요즘에는 책을 PDF 파일로 변환하는 작업도 일반화되어 2012년에는 전자책 단말기인 아마존 킨들Amazon Kindle 일본어판이 발매되었고 전자책 라인업도 점점 충실해지고 있다.

나는 맥북 에어MacBook Air를 갖고 있다. 이것만 있으면 영화와 음악뿐 아니라 책, 만화도 즐길 수 있다. 텔레비전은 이미 버렸다. 보고 싶은 방송이 있으면 방송국 사이트에서 아카이브(파일 전송이나 정보 보관을 목적으로 한곳에 모아둔 파일 ─옮긴이)를 살 수 있다.

G메일로 어디서든 이메일을 확인할 수 있고 드롭박스Dropbox(자료를 저장하는 애플리케이션으로 한 번 설치하고 로그인해두면 어디서 수정 작업을

하든 모든 컴퓨터에서 그 폴더 안의 자료가 같은 상태로 보관된다 — 옮긴이) 같은 클라우드 스토리지에 파일을 저장하면 어디서든 파일을 열어 작업할 수 있다. 와이파이 인프라와 블루투스는 거추장스러운 케이블을 없애주었다. 회의는 스카이프로 장소에 구애받지 않고 할 수 있다. 이제는 사무실조차 줄여야 할 대상이다. 기술의 발전으로 더 혁신적인 물건이 등장하면서 물건을 줄일 수 있게 된 것이다.

공유 문화의 형성

최근에는 물건을 자기 혼자 소유하는 데 그치지 않고 공유하거나 나누는 문화가 형성되고 있다. 이제 공유는 혼자 즐기는 소유보다 더 긍정적이고 효율적인 문화가 되었다.

'1인 1자동차'가 필수인 지역은 별개지만 교통기관이 발달한 도시라면 자동차를 소유하지 않고 카셰어링car sharing(한 대의 자동차를 시간 단위로 여러 사람이 나눠 쓰는 것 — 옮긴이) 할 수 있다. 불필요한 세금도, 유지비도 들지 않아 경제적이다. 환경에도 공헌할 수 있어 이런 개념은 점점 확장될 것이다.

셰어하우스, 소셜 아파트 등 집을 공유한다는 발상은 이미 당연하게 여겨지고 있다. 여행자의 현지 숙박을 돕는 비영리 커뮤니티 카우치 서핑Couch Surfing이나 전 세계 숙박 공유 사이트인 에어비앤비Airbnb 등은 개인 주택의 빈 방을 전 세계 여행자들에게 빌려준다. 그동안 쓸모없이 방치하고 있던 공간이나 물건을 인터넷을 통해 필요한 사람에게 제공하는 시대가 온 것이다.

———

생존에의 절실함이 미니멀리스트를 만들다

마지막으로, 일본 내 미니멀리즘의 확산 배경으로 동일본대지진을 들 수 있다. 이것은 모든 영역에서 사람들의 가치관에 큰 영향을 미쳤지만, 물건에 대한 사고방식에도 결정적인 변화를 가져왔다.

유루리 마이ゆるりまい의 만화《우리 집엔 아무것도 없어》에 나온 텅 빈 집의 사진을 보고 나는 큰 충격을 받았다. '버리기 변태'라는 별명까지 얻은 저자는 잔뜩 쌓여 있던 물건들이 지진으로 흉기가 되는 상황을 그렸다. 소중하게 여겼던 물건 때문에 다치고 죽을 수도 있다는 게 매우 인상적이었다. 지진과 쓰나미는 소중한 물건을 한순간에 못쓰게 만들어버릴 뿐 아니라 우리를 죽일 수도 있다.

동일본대지진 같은 참사는 1,000년에 한 번 일어난다고 한다. 만일 인간이 100세까지 산다고 가정하면 기원후 2,000년의 역사 동안 20명이 대를 이어 살아온 셈이다. 동일본대지진이 정말로 1,000년에 한 번 일어나는 지진이었다면, 그래서 그 20명 중 2명이 지진에 휩쓸렸다면 그 숫자는 과연 많은 편일까, 적은 편일까?

미니멀리스트가 생겨난 배경을 다시 한번 떠올려보자.

① 필요 이상으로 넘쳐나는 정보와 물건

② 물건을 갖지 않고도 일을 해결할 수 있는 기술과 서비스의 발전

③ 2011년 동일본대지진

최근 몇 년 사이에 미니멀리스트가 늘어난 것은 필연적인 현상이 아닐까? 단순히 참신한 발상이라거나 라이프스타일에 대한 동경이 아니라 그보다 훨씬 절실한 이유로 생겨날 수밖에 없었던 것이다.

Minimalist

제 2 장

물건은 **왜 점점**
늘어나기만 하는가?

네 직업이 곧 너인 건 아니야.
네 재산 또한 너는 아니지.
네가 몰고 다니는 자동차가 너를 대변하는 것도 아니고
네 지갑 속 지폐가 너를 말해주지도 않아.
그 빌어먹을 브랜드도 너와는 아무런 관계가 없어.

_영화 〈파이트 클럽〉 중에서

．
．
．

우리는 왜 물건을 점점 늘려가기만 할까?
물건을 늘리는 이유를 알면
물건을 줄일 수도 있을 것이다.

원하는 모든 것을 가지고 있었다

예전에 나는 생활하는 데 필요한 물건은 모두 갖고 있었다. 하지만 내가 생각하는 이상적인 삶에 다다르기엔 늘 부족하다고 느꼈다. 이처럼 우리는 종종 자신의 현실이 이상과 완전히 동떨어져 있다고 생각하는 경향이 있다. 원하는 대로 되지 않는 현실에 불행하다고 생각한다. 나 역시 원하는 물건을 가지지 못했다는 현실에 늘 불행하다고 생각했다. 가죽 소파를 놓을 넓은 거실도, 바비큐 파티를 할 수 있는 널찍한 발코니도, 야경이 보이는 고층 아파트도 없었다. 내 소망은 조금도 이루어지지 않았다고 생각했다.

하지만 실제로는 정반대였다. 나는 내가 원하는 일은 모두 하고 있었고 갖고 싶었던 물건은 전부 갖고 있었다. 일을 예로 들어보자. 우리는 대개 원하는 회사에 이력서를 내고, 면접을 보고, 입사해서 일한다. 물론 어떤 이들은 들어가고 싶었던 1순위의 회사가 아닌 다른 곳에서 일할지 모른다. 2순위, 3순위도 아닐지 모르고, 심지어는 순위에 넣을 생각조차 안 했던 회사에 다니게 됐을 수도 있다. 아마도 먹고살기 위해 타협을 택했을 것이다. 그러다 보니 상사나 회사에 대한 불평불만이 끊이지 않는다. 매일 이직을 꿈꾸는 이들도 있다.

하지만 이력서를 제출하지도 않고 면접을 보지도 않았는데 그 회사에서 일하고 있을 리는 없다. 막상 근무했더니 자신이 예상하거나 바라던 분위기와 달랐을지도 모른다. 상사의 인격이 형편없거나 심지어는 악덕 기업일 수도 있다. 하지만 애초에 이력서를 보내고 면접을 본 것은 그 당시에 '이 회사에서 일하고 싶다.'고 생각했기 때문이다. 그 회사에서 절대로 일하고 싶지 않다고 생각했다면 면접을 보러 가지 않았을 것이다. 그런데 이력서를 보내고 면접을 본 회사에 합격했고, 그 회사에서 일하고 싶다는 바람이 이루어졌다. 합격 소식을 들었을 때는 아마도 뛸 듯이 기뻤거나 일하게 되어 기분이 좋았을 것이다.

살고 있는 집도 마찬가지다. 예전에 내가 10년 동안 살았던 집은 사실 10년 전 무슨 일이 있어도 이사하겠다는 간절한 마음에 찾아다니다가 발견한 보물이었다. 당시 이사했을 때의 기쁨은 지금도 또렷하게 기억하고 있다. 집세에 비해 실내 구조가 무척이나 좋은 집을 찾아내서 기뻤고, 그렇게도 살고 싶어 했던 동네에서 새로운 삶이 시작된다는 생각에 설렜다. 하지만 세월이 흘러 꽤 오랫동안 살았다고 생각될 즈음, 방이 비좁고 낡았다고 느껴지면서 점점 불만이 커져갔다. 어떻게든 이곳으로 이사 오고 싶어 했던 10년 전의 소망을 이루었는데 왜 불행하다고 느꼈을까?

물건도 그렇다. 옷을 예로 들어보자. 나는 툭하면 입고 나갈 옷이 없다고 생각했다. 휴일 하루를 몽땅 쇼핑에 쏟아부으며 녹초가 될 때까지 마음에 드는 옷을 사들였다. 두 손 가득 쇼핑백을 들고 집으로 돌아와 거울 앞에서 혼자 패션쇼의 막을 올리곤 했다. 다음 날 새 옷을 입고 처음 집 밖을 나설 때 약간 겸연쩍으면서도 남들에게 뽐내고 싶은 기분이란! 현금이 없어 신용카드로 결제하면서까지, 무리를 해서라도 그 옷을 꼭 손에 넣고 싶었다. 그런 소망을 이룬 옷들이 이미 집에 산더미처럼 쌓여 있다. 그런데 왜 매년 입을 옷이 없다고 투덜거리는 걸까?

우리는 우리가 원하던 일을 이미 모두 이루었다. 그런데 왜 만족하지 못하고 불행하다고 느낄까?

———

'익숙함'이라는 독

사실은 우리 모두가 답을 알고 있다. 우리는 원하던 일이 이루어지면 금세 그 상황에 익숙해진다. 익숙해진 일은 점점 당연한 일이 되고, 당연한 일은 이내 싫증이 난다.

새로 산 바지를 처음 입었을 때는 무척 기쁘다. 그러다 5번쯤 입으면 곧 익숙해져서 기쁨이 줄어든다. 10번쯤 입으면 바지는 새 옷이 아니라 당연히 옷장 안에 들어 있는 물건일 뿐이다. 50번쯤 입으면 싫증이 난다. 원하던 일이 이루어졌다는 순간의 감동은 어느새 익숙함으로 이어지고 당연함의 과정을 거쳐 싫증이라는 부정적인 감정에 도달한다. 그러다 결국 그 물건은 별 볼 일 없는 물건이 되고 만다.

우리의 소망은 모두 이루어졌는데, 익숙함이 싫증으로 바뀌는 과정에서 불만이 쌓이고 불행마저 느낀다. 다시 말해 익숙해지지만 않으면 우리는 소망을 이뤘다는 기쁨에서 벗어나지 않고 계속 행복을 느낄 수 있다. 손에 넣은 물건에 질리지 않고 만족하며 지낼 수 있다면 새로운 물건이 늘어나는 일은 없다. 그렇다면 왜 익숙함 같은 감정이 생겨나서 골칫거리가 되는 것일까?

우리는 왜 새로운 물건을 원하는가?

익숙함이란 감정이 왜 생기는지 알아보려면 인간의 습성, 즉 우리가 매사를 어떻게 느끼고 받아들이는지 그 메커니즘을 확인할 필요가 있다. 조금 복잡한 이야기일지 모르지만 익숙함의 문제는 이 책의 중요한 주제이므로 주목해서 보기 바란다.

일반적으로 인간의 신경 네트워크는 자극의 차이를 검출하는 구조로 되어 있다. 즉, 어떤 자극에서 다른 자극으로 변화할 때 발생하는 차이 자체를 자극으로 받아들인다. 이해하기 쉽게 예를 들어보자.

해수욕 철이 한참 지난 가을 바다. 바다를 보며 서 있는데 갑자기 몸이 근질근질해지면서 자신의 청춘을 시험해보고 싶다는 생각이 끓어올라, 무모하게도 맨발로 바다에 뛰어들었다고 하자. 처음에는 누구나

"앗, 차가워!" 하고 자신도 모르게 비명을 지를 것이다. 신경 네트워크가 지표 온도와 물 온도의 차이를 검출하고 '차갑다'는 자극을 받아들였기 때문이다. 하지만 자극이 지속되면서 차이를 인식하는 감각이 서서히 둔해진다. 그래서 이렇게 말한다.

"앗, 차가워! 하지만 조금만 있으면 따뜻해질지도 몰라."

마치 소파에서 잠들어 있던 사람이, 옆에서 누군가 텔레비전을 끄자마자 "보고 있는데 왜 꺼?" 하면서 번쩍 눈을 뜨는 것과 같은 이치다(텔레비전을 끈 사람은 "자고 있었으면서!" 하고 따지게 된다). 분명 텔레비전을 켜놓은 상태가 더 눈이 부시고 소리도 커서 잠을 이루기 어렵다. 하지만 시간이 지나면 점차 그 자극에 익숙해져 잠이 들고, 자극에 익숙해진 상태에서 편안하게 자고 있는데 텔레비전이 꺼지면 자극이 사라지는 차이가 검출되면서 잠을 깨는 것이다.

이렇듯 신경 네트워크는 자극의 양이 아니라 자극이 바뀌는 차이에 반응하는 구조다. 조용한 방에서 낮잠을 자던 아이가 사람의 발소리에 잠을 깨는 것도 위와 똑같은 현상이 순서만 바뀌어 일어난 것이다. 그래서 인간이 자극을 자극으로, 신경 네트워크로 검출하려면 차이가 발생해야 한다. 켜져 있던 텔레비전이 꺼지거나(자극이 '있다'에서 '없다'로 바뀌는 차이), 조용한 방에서 자고 있던 아이가 누군가의 발소리를 듣거나(자극이 '없다'에서 '있다'로 바뀌는 차이), 텔레비전의 채널을 다른 채널로 돌리거나(어떤 자극에서 '다른' 자극으로 바뀌는 차이), 텔레비전의 음량을 높이는(어떤 자극이 '훨씬 큰' 자극으로 바뀌는 차이) 것 등이다.

어떻게든 갖고 싶어서 손에 넣은 물건에 계속 만족하지 못하는 이유는 바로 이 차이가 없다고 신경이 판단하기 때문이다. 평소와 똑같이 '항상 있는' 물건이기 때문이다. 변함없이 늘 그곳에 존재하는 물건은 자극의 차이를 느낄 수 없기 때문에 익숙해지고 당연해져서 결국에는 그 물건에 싫증이 난다.

———

다이아몬드 반지에도 만족하지 못하는 이유

익숙함에서 시작되어 싫증으로 연결되는 메커니즘은 엄청나게 강력한 독이자 삶의 모든 측면에 악영향을 미친다. 예전에는 무슨 일이 있어도 꼭 갖고 싶어서 산 옷들이 어느 순간 너절해 보이고 입고 갈 옷이 없다며 투덜거리게 된다. 열렬히 몰두해야 할 일이 점점 기쁨과 보람을 찾을 수 없게 되고 그만두고 싶어진다. 성형수술로 분명 예뻐졌는데도 또다시 수술을 시도하는 여자들, 아무리 나이가 들어도 끊임없이 새로운 여자의 꽁무니를 따라다니는 남자들, 아플 때나 건강할 때나 사랑하기로 맹세했지만 권태기를 극복하지 못해 갈라선 부부 등 이 모두가 익숙함이라는 강력한 독의 소행이다.

여자아이에게 플라스틱으로 된 장난감 반지를 주면 처음에는 눈을 반짝이며 기뻐한다. 하지만 곧 플라스틱 반지에 싫증을 낼 것이다. 나중에는 용돈을 꼬박꼬박 모아서 산 1만 엔짜리 반지에도 질리고, 월급을 모아 5만 엔을 주고 산 유명 브랜드의 반지도 곧 질린다. 점점 질려가다 마지막에는 세계에서 하나밖에 없는 명장의 반지를 가져도 언젠가는 싫증을 느낄 것이다. 이렇게 싫증이 나기 때문에 우리는 계속해서 새로운 물건으로 눈을 돌린다.

갖고 있는 물건에 익숙해지고 싫증이 나면 자극을 느낄 수 없게 된다. 신경 네트워크가 평소와 같다고 인식하는 물건에서는 차이를 검출할수 없기 때문이다. 차이를 만들어내려면 자극을 주거나 없애거나, 늘리거나 바꾸는 수밖에 없다. 물건으로 말하자면 새로 사거나(자극을 바꾸거나) 양을 늘리거나(자극의 양을 늘리거나) 가치를 한층 높여(자극을 크게하거나) 차이를 만들어내야 자극을 얻을 수 있다.

차이는 자기 자신이 만들어낸다

익숙해지다가 싫증이 나는 이 문제를 더 까다롭게 만드는 게 있다. 바로 싫증을 내는 것은 당사자, 즉 본인뿐이라는 사실이다. 다른 사람이 볼 때는 화려한 5만 엔짜리 반지와 잘빠진 자동차인데도 왠지 본인만 싫증을 내고 만족하지 못한다. 차이를 만들어내기 위해 비교하는 자극이 자신의 내면에만 있기 때문이다.

월드컵에서 참패한 직후의 혼다 게이스케 선수를 생각해보자. 라커룸에서 혼다는 풀이 죽어 앉아 있었다고 한다. 이때 내가 혼다의 어깨에 손을 올리면서 이렇게 말한다고 하자.

"시합에는 졌지만 뭐 어때. 기운 내! 너는 연봉이 몇 억이나 되고 멋진 페라리도 타고 다니잖아. 은퇴하면 얼마든지 세계 여행을 떠날 수도 있고, 여기저기서 지도자로 오라는 사람도 많을 테니 불안해할 필요도 없지. 나랑 비교해봐. 넌 많은 걸 가졌잖아. 그러니 기운 내."

이 말에 혼다가 공감하고 기운을 회복할까?

"그런가? 확실히 당신과 비교하면 나는 복이 많고 멋진 물건도 많이 갖고 있지. 고마워. 왠지 기운이 나는군."

이렇게 말할 리가 없다. 비교할 수 있는 것은 어디까지나 자기 내면의 자극뿐이다. 차이는 스스로 만들어내는 것이다. 아무리 가진 게 많은 혼다라도 시합에 이기지 않으면 만족할 수 없다.

우승의 기쁨은 3시간이면 사라진다

사람이 자극에 익숙해지는 속도는 말할 수 없이 빠르다. 테니스에서 골든 슬램Golden Slam(4대 메이저 테니스 대회에서 모두 우승하는 그랜드 슬램을 달성하고 더불어 올림픽에서도 우승하는 경우를 일컫는다—옮긴이)을 달성한 안드레 애거시 선수는 1992년 윔블던 대회에서 우승한 후 이렇게 말했다.

"우승을 하고 난 뒤 저는 극소수의 사람들만이 알고 있는 사실을 깨달았습니다. 승리의 기쁨은 패배의 고통을 결코 이길 수 없어요. 그리고 행복한 감정은 슬픈 감정만큼 오래 지속되지 않죠. 비슷하다고도 말할 수 없어요."

하버드 대학교에서 가장 인기 있는 강좌를 이끈 심리학자 탈 벤 샤

하르_{Tal Ben Shahar}의 일화도 이와 비슷하다. 그는 16세에 스쿼시 대회에서 이스라엘 챔피언이 되었다. 매일 6시간씩 5년 동안 연습한 성과였다. 하지만 우승 축하 파티 후 집으로 돌아온 그는 오랜 세월 꿈꿔온 행복이 이미 사라지고 없다는 사실을 깨달았다. 우승의 기쁨은 겨우 3시간밖에 지속되지 않았던 것이다.

극소수의 사람들밖에 달성할 수 없는 큰 목표를 이루고 얻은 기쁨에도 사람은 금세 익숙해지는 것이다.

사람의 감정은 한계가 있다

안타까운 사실이 또 있다. 1만 엔짜리 반지와 5만 엔짜리 반지 그리고 30만 엔이나 하는 반지를 손에 넣었을 때, 각각의 단계에서 느끼는 기쁨은 대체로 비슷하다는 사실이다. 5만 엔짜리 반지를 받았다고 해서 1만 엔짜리 반지를 받았을 때보다 다섯 배 기쁘지는 않다. 기뻐서 웃는 얼굴의 입꼬리가 다섯 배나 더 올라갈 리도 없을뿐더러 기뻐하는 표정의 지속 시간이 다섯 배가 되는 것도 아니다. 사람의 감정은 어디까지 가더라도 별다르지 않다. 물건의 가격에는 한계가 없지만 사람의 감정에는 한계가 있다.

만일 5만 엔짜리 반지를 소유했을 때의 기쁨이 1만 엔짜리 반지보다 정확히 다섯 배 크다면 우리는 돈이나 물건으로 충분히 행복해졌을 것이다. 그러나 얼마나 큰 부자가 되든, 어떤 근사한 물건을 소유하든 여기서 느낄 수 있는 기쁨은 지금 당신이 느끼는 기쁨과 거의 같으며 크게 달라지지 않는다. 아무리 많은 물건을 손에 넣어도 만족하지 못하는 것은 새로운 물건을 손에 넣었을 때의 기쁨이 아주 작은 일에서 느끼는 기쁨과 큰 차이가 없기 때문이다.

어떤 상황이 되어도 기쁨의 감정이 별다르지 않듯, 인간의 신체적인 한계도 명확히 정해져 있다. 빌 게이츠 같은 부자도 위장의 크기는 같다. 빌 게이츠라고 해서 하루에 산해진미를 여섯 번 먹을 수 있는 건 아니다. 또 부자라고 해서 하루에 특별히 25시간이 주어지는 것도 아니다.

50배 비싸다고 해서 50배 더 좋을까?

물건의 기능도 마찬가지다. 1,000만 엔짜리 스포츠카가 100만 엔짜리 경차보다 10배 더 빨리 달릴 수 없으며 두 배 빨리 달리는 것조차 법률이 허용하지 않는다. 200만 엔짜리 애플 워치Apple Watch(애플이 2015년에 발매한 손목시계형 웨어러블 컴퓨터. '스마트 워치'라고도 한다—옮긴이)가 4만 엔짜리 애플 워치보다 50배 더 수명이 길거나 처리 속도가 빠른 것도 아니다.

만일 물건 가격에 비례해 기능이 증가한다면, 즉 가격이 두 배 비싼 자동차가 두 배의 속도로 목적지에 도착할 수 있다면, 두 배 비싼 다운 재킷이 두 배나 더 따뜻하다면 우리는 돈과 물건으로 한껏 행복해졌을 것이다! 안타깝지만 할 수 없다.

물건을 늘리는 데 기여하는 '익숙함 → 싫증'의 메커니즘은 인간이 선천적으로 지닌 구조로, 그런 측면에서 보면 어쩔 수 없는 약점이다. 하지만 반드시 필요한 구조이기도 하다. 가령 어떤 곤란한 상황에 빠져도 그 상황을 이겨내고 일어나 앞으로 나아가게 해준다. 우리는 좋은 일에도, 나쁜 일에도 시간이 흐르면 익숙해진다. 문제는 이런 메커니즘이 물건이 늘어나는 측면에서는 나쁘게 작용한다는 점이다.

미래의 감정은 예측할 수 없다

앞서 물건을 아무리 많이 사들여도 왜 곧 질리는지, 남들이 보기에는 부러울 만큼 많은 물건을 갖고 있는데도 왜 싫증이 나는지 그 이유를 살펴봤다. 그런데 왜 우리는 이런 싫증 나는 일에 싫증을 내지 않고 계속해서 새로운 물건을 원하는 걸까?

그것은 우리가 '미래'의 감정을 '현재'를 기준으로 예측하기 때문이다. 미래를 예측할 수 있는 동물은 인간뿐이지만 사실 인간이 예측할 수 있는 미래의 사정거리는 매우 짧다. 이것이 바로 계속해서 싫증을 내면서도 물건을 사는 이유다.

배가 고플 때 슈퍼마켓에 가서 필요 이상으로 물건을 사들였던 적이 있을 것이다. 또는 술집에 가서 엄청난 양의 요리를 주문하고는 곧 후회한 적도 있을 것이다. 이는 배가 고픈 현재를 기준으로 미래의 욕구를 잘못 예측했기 때문이다. 우리는 미래를 예측할 수 있다고 생각하지만 고작 30분 후의 일조차 제대로 예측하지 못한다.

과음한 다음 날 숙취로 머리가 지끈지끈 아플 때 우리는 마음속으로 맹세한다. '다시는 과음하지 말아야지.' 하지만 두통이 가라앉은 다음 날이면 또다시 만취해서는 똑같은 후회를 되풀이한다.

더운 여름날에는 겨울의 따뜻한 이불 속을 상상할 수 없다. 추운 겨울에는 반년 후 여름에 에어컨에서 나오는 시원한 공기를 좀처럼 떠올리기 힘들다. 인간은 몇 번씩이나 경험해서 알고 있는 일이라도 현재를 기준으로 미래를 예측하기 때문이다.

대니얼 길버트Daniel Gilbert의 《행복에 걸려 비틀거리다》를 보면 현재의 경험을 기준으로 미래를 예측하는 일에 대한 탁월한 비유가 나온다. 젊은이들이 몸에 '데스 로크'Death Lock라는 무시무시한 단어를 문신으로 새기는 이유가 미래의 인생에서도 그 단어가 여전히 멋있으리라고 생각하기 때문이라는 것이다. 지금 좋아 보이는 것이 나중에도 좋아 보일지는 알 수 없다. 우리는 멀지 않은 미래의 자신조차도 예측할 수 없다.

———

익숙함과 싫증의 무한 반복

미래를 예측하는 능력은 원래 단기적인 판단에만 사용했던 것이라고 한다. 두려운 천적을 만났을 때 도망칠 것인가 싸울 것인가, 사냥을 할 때 사냥감을 어떻게 몰아넣을까 등 아주 가까운 미래를 예측할 때 이 능력을 사용했다.

예를 들어 쇼핑을 할 때는 '그래, 이거야.' 하고 마음에 드는 재킷을 사서 한껏 들떠 집에 온다. 입고 있던 후줄근하고 빛바랜 재킷을 보니 새 재킷이 더욱 근사해 보인다. 거울 앞에서 입어보니 아주 흡족하다. 새 재킷을 사지 않았을 때는, 즉 재킷이 없었던 현재에서는 그 재킷을 처음 입었을 때의 기분은 상상할 수 있었다. 그러나 10번째 입었을 때 익숙해진 기분이나 1년 후 입었을 때 싫증 난 기분은 아무래도 상상하기 힘들다.

물건을 손에 넣지 않은 현재에서는 그 물건을 손에 넣은 후 미래에 느낄 기분을 좀처럼 상상할 수 없다. 그래서 물건을 갖게 되는 순간 느껴질 기쁨이 이후로도 지속되리라 믿는다. 그렇기 때문에 새로운 물건을 계속 원하고 물건이 점점 늘어나는 것이다. 간절히 원했던 물건을 손에 넣은 뒤 싫증을 내고 다시 새 물건을 원하는 과정이 끊임없이 되풀이되는 '무한 루프'infinite loop 현상에 빠지고 만다.

이야기가 조금 복잡해졌다. 물건이 끊임없이 늘어나는 이유에 대해 다시 정리해보면 다음과 같다. 우리는 예전에 갖고 싶어 했던 물건을 사실은 이미 손에 넣었다. 우리 주변에 있는 모든 물건은 과거의 어느 때 우리가 갖고 싶어 했던 물건들이기 때문이다. 조금도 원하지 않았거나 절대로 갖고 싶지 않았던 물건이라면 지금 그 물건을 갖고 있을 리가 없다.

하지만 그 물건을 가졌다는 건 조만간 익숙해졌다가 싫증이 날 거라는 뜻이기도 하다. 곧 다른 자극을 제공하는 새 물건이 갖고 싶어진다.

그리고 더 큰 자극, 더 고가의 물건을 갈망하게 된다. 또는 자극의 양을 늘리고 싶어 물건의 수를 계속 늘려간다. 그러나 새로운 물건에도 금세 익숙해지고 질려서 언제까지고 만족할 줄 모르기 때문에 또다시 새로운 물건을 탐낸다.

남이 보기에는 충분하다고 생각하는 물건이라도 자극은 오직 자기 내면의 자극과만 비교되므로 차이는 스스로 만들어낼 수밖에 없다. 뛰어난 성능에 남들이 인정하는 100만 엔짜리 차도 정작 차를 소유한 본인만 만족하지 못한다. 그래서 차이를 만들어내려고 열심히 다음 단계의 물건을 손에 넣는다.

그러나 여기서 느낄 수 있는 기쁨은 전에 느꼈던 것과 별반 다르지 않다. 기쁨에는 '한계'가 있어서, 아무리 비싼 물건을 산다고 한들 기쁨이 가격에 비례해 커지지는 않는다. 5만 엔짜리 반지를 받았다고 해서 1만 엔짜리 반지를 받았을 때보다 5배 더 행복한 건 아니다. 모처럼 좋은 물건을 손에 넣어도 기쁨은 상상했던 것보다 작고 전에 느꼈던 기쁨에 비해 크게 달라지지 않는다. 그래서 또다시 새로운 물건으로 눈을 돌린다.

기쁨이 물건의 가격에 비례하지 않듯이, 물건의 기능 또한 가격에 비례하지 않는다. 두 배 비싼 다운재킷이 두 배 더 따뜻하지는 않다. 이때 역시 허전한 마음을 메울 수 없다. 메울 수 없기 때문에 다음에야말로 메우고 싶다는 생각을 간절히 하게 되고, 다시 새로운 물건을 기웃거린다. 물건을 갖게 되면 익숙해졌다가 싫증 나는 과정이 되풀이되는데도 기어코 자신의 현재 감정을 토대로 미래를 예측한다. 우리가 예측할 수 있는 미래는 사실 아주 가까운 '장래'일 뿐이다. 물건을 손에 넣기 전에는 그 물건에 질려버릴 미래를 도저히 예측할 수 없다. 따라서 늘 새로운 물건에 눈독을 들인다.

이런 상황이 무한 반복되면서 물건은 점점 늘어난다. 물건을 아무리 늘린다 해도 이런 패턴이 반복되어 항상 만족하지 못한다. 영원히 만족할 수 없음을 알 법한데도 다음에야말로 만족할 수 있을 것 같은 기분이 든다. 물건을 아무리 늘려도 행복을 느낄 수 없는 것은 바로 이런 메커니즘이 작용하기 때문이다.

———

석기와 토기는 필요한 물건이었다

우리는 왜 이렇게 물건을 늘려온 것일까? 이 문제를 좀 더 깊이 생각해보자. 먼 옛날 인간이 석기를 사용했을 때 석기는 그 훌륭한 기능 때문에 사용된 물건이었다. 정확하게 말하면, 그것은 '도구'였다.

석기를 만드는 데 든 에너지와 시간 이상으로 석기는 제값을 해주었다. 사냥감의 숨통을 끊는 데 들이는 힘도, 가죽을 벗기는 데 들이는 시간도 석기 덕분에 크게 줄었다. 가령 석기 한 개를 만드는 데 하루가 걸린다 해도 그 이상의 시간 절약과 혜택을 얻을 수 있었다. 그리고 석기는 한번 만들어놓으면 유지하고 관리하는 데 따로 품이 들지 않았다.

선조들에게 석기는 당연히 필요한 물건이었다.

토기도 마찬가지다. 옛사람들이 토기에 음식을 담게 된 데는 절실한 이유가 있었다. 당시 사람들은 음식을 구할 수 있을지 없을지, 사냥감이 있는지 없는지 등 모든 일을 자연에 맡길 수밖에 없었다. 재해가 일어나면 어찌할 방법이 없었다. 언제 무슨 일이 일어날지 모르므로 남은 음식물을 보관하려는 욕구가 생겼다. 그렇게 만들어진 토기는 역시 선조들에게 절실히 필요한 물건이었다.

그러나 세월이 흘러 지금 우리가 소유한 물건의 상당 부분은 본래 기능이 아닌 다른 목적을 위해 사용되고 있다. 또한 필요한 것 이상의 물건을 소유하고 관리하려면 막대한 노력과 비용이 든다. 살아가는 데 필요하지 않은 물건을 위해 모두 필사적으로 일하고 있는 것이다. 물건은 어느새 도구가 아닌 우리의 주인이 되고 말았다. 예전에는 고분고분하게 우리의 말을 들어주던 물건이 이제는 우리를 공격하기 시작했다.

대체 우리는 어떤 목적으로 필요하지도 않은 물건을 그렇게 많이 소유하려는 걸까? 그렇게까지 해서 물건을 갖고 싶은 이유는 무엇일까? 결론부터 말하자면 '자신의 가치를 알리려는 목적'을 위해서다. 우리는 물건을 통해 자신의 가치를 누군가에게 알리려고 애쓰고 있다.

누구나 '고독 애플리케이션'을 갖고 있다

본래 인간은 사회적인 동물이다. 즉, 무리를 지어 행동하는 동물이다. 커다란 맹수와 비교하면 힘이 엄청나게 센 것도 아니고 날카로운 발톱이나 이빨을 갖고 있는 것도 아니기에 생존하기 위해서는 집단을 이루어야만 했다. 선사시대에 거대한 매머드를 혼자서 때려잡은 인간은 없었을 것이다. 조금이라도 오래 살아남으려면 무리를 지어 살아야 했다.

그런 사회적인 동물이기에 인간은 무리에서 떨어지면 '고독 애플리케이션'이 가동된다. 사실 고독이란 감정은 우리가 혼자 있을 때 '무리 안으로 돌아오세요. 누군가와 연결되어 있어야 합니다.'라고 명령하는 경보장치와 같다. 이 고독 애플리케이션은 아무리 오래 꾹 누르고 있어도 삭제되지 않는다. 어떤 조작도 가능하지 않도록 설치되어 있어 삭제하고 싶어도 삭제할 수 없다.

고독이라는 병

고양이와 개의 차이점을 생각해보자. 고양이는 일정 시간 동안 빈집에 혼자 두어도 괜찮지만 개는 혼자 두면 상당히 신경이 쓰인다. 개는 오랜 시간 동안 혼자 두면 계속 짖거나 안절부절못하며 주변을 돌아다닌다. 오랫동안 고독하게 있던 개는 우울증에 걸리기도 한다는 사실은 이미 잘 알려져 있다.

아쉽게도 인간은 혼자 두면 불안해서 안절부절못하는 개에 가깝다. 인간은 사회적인 동물, 무리지어 행동하는 동물이기 때문에 고독을 느낀다. 외롭게 지내는 사람들만이 고독을 느끼는 게 아니라 사람이면 누구나 고독이라는 과제를 끌어안고 살아간다. 얼핏 보기에는 동료와 잘 지내고 있어도, 화목한 가정에서 자랐어도 고독하지 않은 사람은 없다.

우연한 순간에 고독은 살며시 다가온다. 자신이 고독하다고 고민하는 사람이 많지만 그다지 신경 쓰지 않아도 된다. 고독 애플리케이션을 삭제할 수 있는 사람은 없기 때문이다. 게다가 이 애플리케이션은 제멋대로 시동이 걸리는 탓에 누구나 자주 고독에 시달린다.

무리를 이루어 사회 속에서 생활해야만 하는 인간. 그렇게 살기 위해서는 무리나 사회를 위해 그만한 '가치'가 있어야 한다. 그래서 타인에게 인정받아야만 스스로 가치가 있다고 생각하며 살아갈 수 있다. 우울증에 빠지거나 자살에 이르는 원인은 대개 자신에게 가치가 없다고 믿어버리는 데 있다. 개가 오랜 시간 동안 고독하게 방치되면 병이 드는 이유도 마찬가지다. 곁에 아무도 없는 동안 자신의 가치를 확인하지 못하기 때문이다.

늘어나는 자살

일본의 우울증 환자는 100만 명에 이르며 자살하는 사람들은 매년 2만 5,000명을 웃돌고 있다. 동일본대지진의 희생자는 약 2만 명이다. 1,000년에 한 번 일어난다는 대재해의 희생자보다 더 많은 사람들이 매년 스스로 목숨을 끊고 있다. 일본은 전쟁 중인 것도 아니고 경제적으로도 풍족한 나라다. 먹을 음식이 있고 잠을 잘 곳이 있으며 안전이 확보되어 있어 최저 욕구가 만족되지 않는 사람은 거의 없다. 흔히 먹기 위해 일한다고들 하지만 실제로 먹지 못해 굶어죽은 사람은 수십 명에 불과할 것이다. 그런데 자살하는 사람들이 연 2만 5,000명이나 된다니, 대체 어떻게 된 일일까?

앞서 살펴봤지만 사람은 자신에게 가치가 있다고 생각하지 않으면 살아갈 수 없다. 자신에게 가치가 없다고 생각하면 무기력해지고 모든 일에 의욕을 잃게 된다. 그러다 보면 우울증에 걸리고 자살에까지 이를 수 있다. 따라서 적절한 자기애는 살아가는 데 없어서는 안 될 중요한 요소다. 자신의 가치를 확인하고 싶은 마음은 식욕이나 수면욕 등 생리적인 욕구에 버금가는 가장 강렬한 욕구로, 우리의 모든 행동에 스며든다.

자신에게 가치가 있다고 확인하기 위해서는 누군가에게 인정을 받아야 한다. 사회적 동물인 인간은 타인에게 인정받는 방법 말고는 자신의 가치를 확인할 수 없다. 나는 자신의 가치는 스스로 결정할 수밖에 없다고 생각한다. 하지만 절대적으로 고독하고 누구와도 만나지 않고 SNS도 하지 않는 데다 누구도 자신의 소식을 듣지 못한다면 자신의 가치를 확인할 길이 없다. 아무리 고독해 보이는 사람이라도 어딘가의 누구라도 좋으니 자신을 봐주길 바랄 것이다. 타인이라는 거울을 통하지 않고서는 자신의 모습조차 볼 수 없는 것이 인간이다.

자신의 가치를 인정받는다는 것

좋아하는 사람에게 사랑을 받으면 무척이나 기쁘다. 가장 가치 있다고 생각하는 사람에게 자신의 가치를 인정받는 일은 최고로 기쁠 것이다. 반대로 그런 사람이 다른 사람을 사랑하면 화가 난다.

'나보다 다른 누군가가 더 가치 있다고 생각하다니 최악이야.'

자신의 가치를 인정해주지 않는 상대방이 오히려 잘못되었다며 그를 탓하고 비난한다.

흔히 조직의 우두머리나 부자들은 기사가 딸린 외제차를 타고, 길을 다닐 때도 수하의 사람들에게 둘러싸여 기세등등하게 걷는다. 명품과 금붙이로 치장한 그들은 마치 이렇게 외치고 다니는 것처럼 보인다.

'내게는 이만한 가치가 있다고! 조심하란 말이다!'

이해하기 쉽지 않겠지만 우리가 하는 모든 행위의 근본에는 자신의 가치를 인정받고 싶은 욕구가 잠재해 있다. SNS에서 누군가 자신의 게시물에 '좋아요'를 누르거나 자신을 팔로우해주면 기쁘다. '좋았어! 누군가 내 가치를 알아주는군!' 반대로 대화창에 올린 메시지를 상대방이 읽고도 답이 없으면 화가 나고, 식당이나 상점에서 점원이 불친절한 태도를 보이면 심히 언짢다. '이렇게 가치 있는 나를 몰라주다니!' 때때로 "나는 그럴 가치가 없어요. 나 따위가…."라는 어조로 말하거나 글을 쓰는 것도 같은 이유다. 누군가 "그렇지 않아. 너는 가치가 있어."라고 말해주기를 기다리는 것이다.

그렇게 가치를 따지는 탓에 우리는 타인의 비난에 민감하다. 사실 비난의 본질은 다른 사람의 가치를 깎아내림으로써 자신의 가치를 확인하려는 데 있다. 그다지 자신에게 가치를 느끼지 못하면 비난을 넘어 극단적인 행동으로 치닫기도 한다. 자신의 가치를 인정받지 못한 분노를 자기보다 약한 존재에 돌리는 것이다. '나의 가치를 알지 못하는 사람도, 사회도 모두 사라져버렸으면 좋겠어.' 하고 공공장소에서 총을 난사한다. 폭력과 테러는 자신의 가치가 누군가에게 부당하게 손상당하고 있다고 느낄 때 발생한다.

내가 이 책을 쓴 동기도 여기에 있다. 내게 뭔가 가치가 있다고 증명하고 싶은 마음이 분명 어딘가에 있기에 책을 쓰게 된 것이다. 사람이 사회적 동물인 이상 스스로 가치가 있다고 생각하지 않으면 살아갈 수가 없다. 적절한 자기애가 없으면 아무것도 할 수 없다. 따라서 반드시 자신에게 가치가 있다고 생각할 필요가 있다. 문제는 자신에게 가치가 있다는 사실을 타인에게 알리는 방법에 있다.

보이지 않는 가치를 드러내는 법

사람의 가치에는 여러 가지가 있다. 우선 가장 알기 쉬운 외모를 표현하는 말을 살펴보면 예쁘다, 아름답다, 키가 크다, 몸매가 좋다, 근육이 멋지다, 세련되다 등이 있다. 누군가를 봤을 때 처음에 눈에 들어오는 것이 외모다. 그래서 아주 오래전부터 여성들은 외모의 아름다움을 추구해왔으며, 최근에는 남성들도 텔레비전 광고나 잡지에 영향을 받아 운동과 미용에 열심이다. 외모에서 느껴지는 가치는 알기 쉽고 효과적이지만 외모를 가꾸는 데는 한계가 있다. 나 역시 아무리 애를 써도 패션모델이나 꽃미남이 될 수 없다는 사실을 알고 있다.

겉으로 보이는 외모의 가치 외에도 내면의 가치가 있다. 자상하다, 재미있다, 부지런하다, 배려심이 있다, 명랑하다, 성실하다, 현명하다, 친절하다, 용기가 있다 등이 내면의 가치를 표현하는 말로 쓰인다. 내면의 가치는 외모와 달리 한계도 없을뿐더러 가꾸는 보람이 있다.

하지만 이런 내면의 가치는 남에게 알리기도 어렵고 자신 또한 다른 사람의 가치를 알아보기가 힘들다. 얼핏 보기엔 친절한 사람이라도 때로는 의지가 되지 않을 수도 있다. 밝고 재미있는 사람이 실은 제멋대로일 때도 있다. 시간을 들여 오랫동안 만나지 않는 이상 다른 사람의 내면은 쉽게 알 수 없다.

내면을 물건으로 드러낸다

그렇다면 자신의 내면을 물건으로 알리는 건 어떨까? 물건을 통해 내면을 외모처럼 밖으로 내보이는 것이다. 예를 들어 몸에 딱 맞는 네이비 줄무늬 정장에 반짝이는 갈색 구두를 신고, 복잡하고 정밀한 손목시계를 차고 외제차를 타고 다닌다고 해보자. 그러면 누구든 그 사람이 돈을 버는 능력이 탁월하다는 사실을 쉽게 알아차릴 것이다.

일을 해내는 능력, 창조력, 근면함, 인내심 등을 누군가에게 알리는 일은 시간이 걸리고 노력이 필요하다. 그래서 물건으로 전달하는 편이 훨씬 빠르다. 물건은 보이지 않는 내면과 달리 누구에게나 보이기 때문에 매우 빠르게 자신의 가치를 알릴 수 있다.

생각해보면 수렵채집을 하던 선사시대 남성들은 일을 해내는 능력을 보여주기 위해 시행착오를 겪는 일은 없었을 것이다. 획득한 식량의 양으로 일을 잘하는지 아닌지 금세 알 수 있었기 때문이다. 하지만 이제는 많은 사람들이 먹을거리가 없어 곤란해하지 않는다. 마트에서 식품을 잔뜩 사와도 일을 잘한다는 증거가 되지 않는다. 따라서 획득한 식량의 양이나 총칼로리로는 승부할 수 없다. 자신을 차별화하고 자신의 가치를 알리려면 뭔가 다른 물건이 필요하다.

그런 대표적인 물건으로 옷이 있다. 록 패션은 틀에 갇히지 않는 감성을, 내추럴 스타일은 우아하고 온화한 인품을, 최신 유행하는 옷은 뛰어난 감각을, 캐주얼한 옷차림은 친근함을 전한다. 패션에 무관심한 사람 역시 패션 같은 것에 구애받지 않는 자신의 가치를 보여준다. 인테리어도 자신의 가치를 쉽게 전달하는 수단이다. 고상한 취향의 가구, 앤티크 수집품, 벽에 붙인 포스터, 정원의 화분 등은 개인의 감각과 성향을 드러내준다.

나는 애플 제품을 무척 좋아한다. 무엇보다 물건으로서의 기능이 뛰어나기 때문이다. 신형 아이폰을 발매일에 구입하면 과시하고 싶은 마

음이 든다. 또한 애플의 맥북 에어는 스타벅스에서 당당하게 꺼내놓고
싶다. 사용하기 편리하고 디자인도 뛰어난 애플 제품을 선택하는 센스,
이런 가치가 내게는 있다. 그런 마음은 언제까지든 변하지 않을 게 분
명하므로 이 일 자체는 큰 문제가 아니다.

물건이 곧 '나'라는 착각

물건의 쓰임새보다 자신의 가치를 알리려는 목적에 지나치게 집중하
면 물건이 너무 많아지는 문제가 생긴다. 물건을 자신의 내면을 보이기
위한 수단으로 삼으면 물건은 점점 늘어만 간다. 물건이 많아질수록 내
면을 쉽게 알릴 수 있기 때문에 당연한 현상이다. 하지만 그럴수록 물
건은 자신의 가치를 알리려는 목적을 달성하지 못한다. 목적을 달성하
기 위한 수단이 아니라 목적 자체로 둔갑해버리기 때문이다. 즉, 물건
이 자기 자신이 된다. 물건이 곧 '나'라고 착각하는 것이다. 그러면 물건
은 한층 더 늘어날 수밖에 없다.

본래 기능으로 사용되는 것도 아니고 자신을 알리기 위한 수단도 아
닌 물건은 서서히 우리를 공격하기 시작한다. '물건 = 나'이므로 '물건을
늘리는 일 = 나를 늘리는 일'이 된다. 그래서 이렇게 사들인 물건을 유
지하고 관리하는 데 막대한 에너지와 시간을 소비한다. 물건 자체가 자
신의 가치, 나아가 자기 자신이라고 생각하기 때문에 물건을 사서 유지
하고 관리하는 일이 삶의 가장 중요한 목적이 되는 것이다.

책이 많다고 지적인 내면의 가치가 생길까?

나는 거실 복도의 한쪽 벽면을 전부 책장으로 메우고 그 안에 책을 가득 채워 넣었다. 책이 그렇게 많았는데도 정작 제대로 읽은 것은 별로 없다. 읽은 책조차 내용이 어렴풋이 기억날 뿐이다. 대학 시절에는 현대 사상 등 일단 어려워 보이는 책을 골랐고, 20세기 최고의 명작이라고 불리는 장편소설들도 열심히 사 모았으나 읽지 않고 훌훌 넘겨보기만 한 것도 많다. 몇 년이나 방치해두었기 때문에 책을 사 모으는 취미라고 할 수도 없었다.

내가 읽은 책을 버리지 못하거나 읽을 예정도 없는 책을 계속 쌓아둔 이유를 지금은 확실히 안다. 나는 책장을 통해 나의 가치를 알리고 싶었던 것이다.

'나는 지금까지 이 정도로 많은 책을 읽었어요. 책장을 보시면 알 수 있겠지만 모든 분야에 폭넓은 관심이 있고 호기심이 왕성한 사람이죠. 이렇게나 많이 갖고 있으니까요. 이해하지 못할망정 어려운 책도 읽고 있다니까요. 나는 특별난 것 없이 평범하고 말도 별로 없는 편이지만 내면에는 이만큼 풍부한 지식이 들어 있어요. 나는 지적이고 생각이 깊은 사람이에요.'

읽은 책을 유익하게 사용하지 못하면서도 책을 계속 늘려갔다. 나는 나의 가치를 책장에 진열된 책의 분량으로 드러내려고 했고, 마침내는 읽지도 않은 책을 나 자신이라고 믿었다. 실제로 대부분의 책은 내게 필요한 물건이 아니었다. DVD, CD도 마찬가지다. 나는 앤티크 소품이나 화려한 식기, 비싼 카메라로 내 가치를 알리려고 했던 것이다. 그 어떤 것도 제대로 쓰지 않으면서 말이다.

물건이 너무 많아지다 보니 하나하나에 시간을 들이지 못한 채 흐지 부지 방치해버리기 일쑤였다. 청소하기도 힘들어 방은 너저분하기 짝 이 없었다. 점점 자신감이 사라지고 의욕도 꺾였다. 그런 자신에게서 눈을 돌리기 위해 결국 술과 무질서한 생활로 도피했다.

—

너무 많은 물건들이 당신을 망친다

예전에 내가 가지고 있던 물건은 내 가치를 알리기 위한 것도 아니었을 뿐 아니라 나 자신조차도 사라지게 했다. 물건들은 나를 망칠 뿐이었다.

다시 정리해보면 다음과 같다. 애초에 물건은 도구였다. 석기나 토기 처럼 본래의 기능을 위해 사용되었다. 처음에는 정말 필요한 물건밖에 없었다. 오랜 세월이 지나 인간 사회가 전반적으로 풍족해지면서 어느 새 물건은 다른 목적으로 사용되기 시작했다. 즉, 자신의 가치를 확인 하려는 내면의 깊은 욕구를 충족시키기 위한 목적이었다.

무리를 지어 행동하는 사회적 동물인 인간은 스스로 자신이 가치가 있다는 사실을 확인하지 않고서는 살아갈 수 없다. 심하면 우울증이나 자살로까지 내몰리게 된다. 누군가에게 인정받아야만 가까스로 자신에 게 가치가 있다고 생각한다. 이 가치에는 딱 봐서 알 수 있는 외모의 가치도 있지만 내면의 가치도 있다. 하지만 내면의 가치는 다른 사람에게 보여주기가 어렵고 알리는 데 시간도 걸린다. 누구나 보면 알 수 있는 물건을 통해 내면의 가치를 전달하는 편이 쉽고 빠르다. 하지만 물건으로 가치를 전달하는 데 집중하다 보면 넘쳐나는 물건에 얽매이게 된다. 자신의 가치를 알리는 물건이 어느새 자기 자신이 되어버리고, 물건은 계속 늘어난다. 물건을 늘리면 자신의 가치가 올라가는 것처럼 느껴지기 때문이다. 이런 식으로 늘어난 물건은 거꾸로 자신을 공격해온다. 시간도 에너지도 물건에 빼앗기고, 예전에는 도구였던 물건이 자신의 주인이 된다. 이쯤 되면 이미 물건은 자신의 가치를 전달하기 위한 수단이 아니라 자신을 망치는 존재다.

자신을 망칠 정도로 늘어난 물건. 에너지와 시간을 빨아들이는 괴물이 된 물건. 도구가 아니라 주인 행세를 하는 물건. 악착같이 일해서 평생을 바치게 하는 물건. 물건을 둘러싸고 사람들이 다투는 이상한 현상마저 일어난다. 사실 물건 자체는 좋다고도 나쁘다고도 할 수 없다.

물건의 가치가 자신과 동등해지고 심지어는 자신의 주인이 되어버리는 현상에 대해 한번 되짚어볼 필요가 있다. 물건은 당연히 내가 아니며 내 주인도 아니다. 예전에도 그랬듯이 단지 도구일 뿐이다. 누군가의 시선을 위해 존재하는 물건이 아닌, 자기에게 필요한 물건만 소유하는 것이 이런 현상을 막는 길이다.

Minimalist

인생이 가벼워지는
비움의 기술 55

& 더 버리고 싶은 이들을 위한 15가지 방법

행복은 원하는 것을 손에 넣는 것이 아니라
지금 갖고 있는 것을 원하는 상태다.

_하이만 샤하텔

．
．
．

물건을 줄이는 구체적인 방법과 노하우를 정리했다.
더 버리고 싶은 이들을 위한 15가지 추가 목록과
미니멀리스트가 빠지기 쉬운
'버리고 싶은 병'에 대한 처방전도 꼼꼼히 수록했다.

버릴 수 없다는 생각을 버려라

물건을 버릴 수 없는 성격은 존재하지 않는다. 단지 스스로 버릴 수 없다고 믿을 뿐이다. 심리학에서 '학습성 무력감'이라는 말이 있다. 실제로는 자신이 개선할 수 있는 상황이고 그럴 능력이 있는데도 몇 번이나 실패했기 때문에 상황을 개선하려는 마음조차 없어진 것이다.

왜 버리지 못하는지 명확히 알고 있다면 머지않아 버릴 수 있게 된다. 버릴 수 있는지 없는지는 성격에 따라 결정되는 것이 아니다. 버리지 못하는 유형도, 버릴 수 없는 성격도 따로 존재하지 않는다. 물론 당신이 잘못하는 것도 아니다. 그저 버리고 비우는 기술이 미숙할 뿐이다. 버리는 습관 대신 버리지 않는 습관을 익혔을 뿐이다.

나도 한때는 지저분한 방에서 살았지만 지금은 물건을 최소한으로 줄인 방에서 살고 있다. 성격이 달라진 게 아니다. 버리는 습관과 비움의 기술을 익힌 것뿐이다.

버리는 **것**도 **기술**이다

한 번도 배운 적 없는 프랑스어가 어느 순간 입에서 튀어나오는 일은 없듯이, 어느 날 갑자기 단샤리 전문가가 될 수는 없다. 나는 물건을 많이 버렸지만 물건을 줄이기 시작한 지는 5년이 지났다. 물론 시간은 훨씬 단축할 수 있다.

사실 버리는 일 자체는 시간이 얼마 걸리지 않는다.

첫째 날은 우선 쓰레기를 버린다. 둘째 날은 책과 CD를 중고 서점에 내놓든지 해서 처분한다. 셋째 날은 가전제품을 버리고, 넷째 날은 큰 가구들을 대형 폐기물로 처리한다.

아무리 물건이 많아도 일주일이면 전부 버릴 수 있다. 실제로 버리는 작업보다는 물건을 버리기로 결심하는 데 시간이 걸린다. 외국어로 계속 말하다 보면 실력이 향상되는 것처럼 버리는 일도 계속 버리다 보면 능숙해진다. 버리는 습관이 몸에 익기까지의 시간이 단축되고, 버리기 위한 공식도 자유자재로 사용할 수 있게 된다. 버리는 일은 정말이지 '기술'이다.

잃는 게 아니라 얻는 것이다

버리면 그저 물건을 잃는 것이라는 생각에 손해를 보는 기분이 든다. 이런 기분에도 이별을 고하자. 버림으로써 얻을 수 있는 것은 의외로 많다. 시간, 공간, 수월해진 청소, 자유, 에너지 등. 자세한 내용은 다음 장에서 설명하겠지만 버림으로써 얻는 것들은 정말로 무한하다.

버릴 때는 버리는 물건만 생각하지 말고 그 덕분에 얻을 수 있는 장점에 눈을 돌리자. 지금부터 버리려고 하는 물건은 확실히 신경이 쓰인다. 눈에 보이기 때문이다. 하지만 버려서 얻는 것은 눈에 보이지 않아서 의식하기 어렵다. 눈에 보이진 않지만 버림으로써 얻는 것들은 지금 잃는 것보다 훨씬 많다는 사실을 기억하자. 버릴 때는 잃는 물건보다 얻는 것에 더 집중하라.

버리지 **못**하는 **이유**를 **확**실히 **파악**하라

'좋았어! 물건을 줄이자.'라고 결심하고는 하룻밤에 미니멀리스트로 거듭나는 사람은 거의 없다. 앞서 언급했듯이 버리는 것은 기술이다. 처음에는 당연히 버릴 수 없다. 계속해서 물건을 버리고 있는 나도 아직 버리기 힘든 물건이 있다. 버리지 못하는 것은 부끄러운 일이 아니다. 중요한 것은 왜 그것을 버리지 못하는지 이유를 명확히 알아야 한다는 점이다.

처음에는 버리지 못해도 좋다. 물건을 만지면서 왜 버리지 못하는지 가만히 자신에게 물어보라. 그 물건을 비싸게 주고 샀기 때문인가, 정체를 알 수 없는 죄책감이 있는가, 사용하지 않고 방치했던 자신이 부끄러운가, 선물해준 사람에게 미안한 마음이 들어서인가, 추억까지 버리는 것 같은가, 아직도 허세를 버리지 못하는 건가, 단지 버리는 게 귀찮아서인가 지긋이 생각해볼 일이다. 단번에 버리지 않아도 좋다. 우선 버리지 못하는 이유를 분명히 밝혀보자.

버릴 수 없는 게 아니라 버리기 싫을 뿐

철학자 바뤼흐 스피노자는 이렇게 말했다.

"사람은 할 수 없다고 말할 때, 사실은 하고 싶지 않다고 스스로 결정하는 것이다."

우리는 물건을 줄이고 싶다고 생각하면서도 역시 버릴 수 없다고 생각한다. 버릴 수 없는 이유를 분명히 아는 것은 중요하다. 물론 그 이유를 알았다고 해서 그대로 믿어도 좋은 건 아니다. 추억이 깃들어 있다거나 소중한 사람에게 받은 물건이라는 아름다운 이유도 있다. 하지만 그 아름다운 이유의 이면에는 실은 버리는 데 시간과 노력이 들거나 귀찮아서인 경우도 있다.

사람들은 현재의 상황을 그대로 유지하며 편안함을 좇으려는 경향이 있다. 물건을 버리는 것은 행동이고, 물건을 그대로 두는 것은 행동이 아닌 현상 유지이기 때문에 확실히 편한 선택이다. 다만 물건을 그대로 두는 편안함만을 추구하면 언젠가 감당할 수 없는 물건들에 둘러싸인다는 사실을 기억하라. 줄이고 싶다면 줄이고 싶은 그 마음을 가장 중요하게 여겨라.

뇌의 메모리는 한정되어 있다

나는 여러 개 있던 은행 계좌를 하나로 정리하고 불필요한 신용카드도 처분했다. 현금카드나 신용카드는 물질적으로 볼 때는 단 한 장의 얇은 카드에 지나지 않는다. 하지만 카드 한 장이 뇌의 기억 용량을 잠식하는 양은 엄청나게 크다. 잔액은 얼마나 있었나? 이체일은 언제였지? 누군가 훔쳐서 쓰는 건 아닐까? 늘 확인해야 하고 걱정도 끊이질 않는다. 지갑을 잃어버리기라도 하면 각 카드사에 분실신고를 하는 데만도 시간이 꽤 걸린다.

얇은 카드 한 장에 불과하지만 많은 사람들이 여기에 상당한 기억 용량을 할애하고 에너지를 쏟으면서 시간을 들이고 있다. 5만 년 전의 하드웨어를 그대로 유지한 채 지금까지도 갱신되지 않은 인간의 뇌는 쓸모없는 물건에 신경 쓸 여유가 없다. 불필요한 데이터도, 애플리케이션도 삭제하고 움직임이 빨라져야 비로소 뭐가 중요한지 알 수 있다. 그렇지 않으면 중요한 일을 눈앞에 두고도 엉덩이가 무거워 좀처럼 행동으로 옮기지 못하게 된다.

지금 당장 버려라

'지금 하고 있는 일이 끝나고 시간이 생기면 그때 버리자.'

'언젠가 안정되면 그때 버리자.'

이렇게 생각하는 사람들이 많다. 하지만 안타깝게도 물건으로 괴로워하는 한 그때는 영원히 오지 않는다. 안정돼야 버릴 수 있는 게 아니라 버려야 안정된다. 시간이 있어야 버릴 수 있는 게 아니라 버리면 시간이 생긴다. 그러므로 지금 당장 버려야 한다. 버리는 것이 최우선 과제다.

버리는 것은 기술이지만 기술을 모두 완벽하게 습득한 다음에 버려야 하는 건 아니다. 이 책을 읽고 난 다음에 버려야 하는 것도 아니다. 버리면서 책을 읽고, 버리면서 기술을 익히는 것이 가장 좋다. 바로 지금 이 책을 덮고 당장 쓰레기봉투를 사러 가도 좋다.

지금 버리지 않으면 버릴 수 없다. 안정된 후 시간이 생겼을 때 버리겠다는 마음이라면 영원히 버리지 못한다. 버리는 것이 모든 일의 시작이기 때문이다.

rule 08 버리고 후회할 물건은 하나도 없다

어질러진 방에서 지내던 시절과 비교해보면, 지금 나는 갖고 있던 물건을 약 5퍼센트까지 줄였다. 1,000개의 물건이 있었다면 950개는 버린 것이다. 그중에서 버리고 난 뒤 후회한 물건은 하나도 없다. 있었다고 해도 전혀 기억이 나지 않을 정도의 작은 것이다. 마음속 깊은 곳에서 '버리지 말 걸 그랬어!' 하고 잠자리에서 이를 바드득 갈며 후회한 물건은 정말이지 하나도 없다.

버리려는 마음을 방해하는 것은 버린 후 필요하다는 생각이 들면 어쩌나, 언젠가 버리지 말 걸 그랬다고 후회하면 어쩌나 하는 불안감이다. 불안한 마음은 충분히 이해한다. 누구라도 당연히 불안할 것이다. 그럴 땐 이 말을 자신에게 들려주자.

'버리고 나서 후회할 물건은 하나도 없다.'

후회는커녕 버리길 잘했다고 할 것이다.

확실한 쓰레기부터 버려라

버리는 습관을 익히려면 습관을 들이는 방법론을 이용하자. 예를 들어 조깅을 매일 꾸준히 하고 싶다면 이때 효과적인 방법은 실현 가능한 목표를 하나씩 정하는 것이다. 우선 첫날은 '현관까지 가기'를 목표로 삼는다. 다음 날에는 '현관에서 운동화를 신기'가 목표다. 이렇게 조금씩 작은 목표를 달성해간다. 작은 목표를 달성하고 계속해서 성취감을 느끼다 보면 언젠가 큰 목표를 달성할 수 있다. 프로야구 선수 이치로는 이렇게 말했다.

"작은 일을 쌓아가는 것이 엄청난 일을 해내는 유일한 길이다."

버리는 일도 마찬가지다. '버렸다'는 성취감을 조금씩 쌓아나가자.

빈 깡통이나 먹고 난 도시락 상자 같은, 누가 봐도 쓰레기인 것들을 버리는 데서부터 시작하라. 여기저기 흩어져 있는 이런 쓰레기들을 먼저 버린다. 냉장고 속을 점검해 유통기한이 지난 음식물을 버리고, 솔기가 터진 채로 넣어두었던 옷을 꺼내 버리고, 고장 난 가전제품을 버려라. 누가 봐도 틀림없는 쓰레기부터 버리기 시작하라.

여러 개 있는 물건은 **버려라**

버리기 쉬운 것은 역시 여러 개 있는 물건이다. 물건은 용도별로 하나 씩만 있으면 된다. 사용하지도 않는 볼펜이 대여섯 자루나 있고, 거의 쓸 일이 없는 붓펜도 두 자루나 있다. 물건을 어디에 두었는지조차 모 르는 같은 용도의 물건이 여기저기 흩어져 있다. 물건이 여러 개 있으 면 보관하고 있는 수량도 파악하기 어렵다.

가령 가위를 세 개나 갖고 있다면 갑자기 한 개로 줄이지 않아도 좋 다. 세 개 중에서 한 개만 버려도 괜찮다. 선택하는 방법은 쉽다. 마음 에 들지 않는 것, 사용하지 않는 것, 기능이 떨어지는 것을 버리면 된다. 가위 개수를 줄이거나 볼펜 개수를 줄여도 종이를 자르거나 글씨를 쓰 는 데 아무런 지장이 없다. 여러 개 갖고 있는 물건은 반드시 수량을 줄 이고 마지막에는 한 개만 남겨두자.

일 년간 사용하지 않은 물건은 버려라

사용하지 않는 물건은 버린다. 이는 물건을 줄이기 위한 철칙이다. 그리고 사용할 예정이 없는 물건도 버려라. 올해 겨울에도 반드시 사용할 담요를 버릴 필요는 없다. 매년 입고 있는 다운재킷을 버릴 필요도 없다. 내년 여름에 입을 수영복 또한 버리지 않아도 된다.

하지만 1년 사계절 동안 사용하지 않았던 물건은 앞으로도 필요 없는 물건이다. 1년 동안 사용하지 않고도 지낼 수 있었던 물건은 내년에도 그 물건 없이 아무런 문제없이 지낼 수 있다. 1년에 한 번도 쓸 일이 없는 물건을 곁에 둘 필요는 없다. 다만 재해에 대비한 비상용 장비만은 예외다.

먼지는 몇 번씩 쓸고 닦아도 또 쌓이는 귀찮은 존재지만, 버려야 할 물건을 알려주는 신호이기도 하다. 물건에 먼지가 쌓여 있다면 분명 오랫동안 사용하지 않았다는 증거다. 1년 이상 사용하지 않은 물건은 내년에도, 후년에도 계속 사용하지 않을 것이다. 3년에 한 번이나 사용할까 말까 하는 물건이라면 필요할 때마다 빌려서 쓰면 된다. 사용하지 않는 물건을 유지하고 관리하는 데 돈과 에너지를 헛되이 낭비하지 말자.

rule 12 남의 눈을 의식해 갖고 있는 물건은 버려라

앞서 이야기했지만 풍족해진 사회에서 사람들은 물건을 통해 자신의 가치를 표현하고자 한다. 따라서 '정말로 내가 좋아해서 갖고 있는 물건일까?' '물건을 통해 나의 가치를 보여주려고 갖고 있는 건 아닐까?' 하고 되짚어보면 그 물건의 용도를 쉽게 알 수 있다. 타인에게 자신이 어떻게 보일지는 누구나 신경 쓰인다. 하지만 오로지 타인의 시선을 위해 물건을 소유하고, 그로 인해 자신의 에너지가 소모되고 있다면 이제는 버려야 한다.

마음에 드는 가구와 식기에 둘러싸여 근사한 생활을 하고 있는 나, 값비싼 자동차와 손목시계, 만년필이 어울리는 세련된 나, 고급 브랜드와 고가 화장품으로 치장한 호화로운 나, 아웃도어 용품으로 무장하고 자연을 활보하는 나를 꿈꾸며 누구나 조금씩 발돋움하려고 애를 쓴다.

하지만 실제로는 유지하고 관리하는 데 시간과 에너지를 낭비하지 않고, 원래의 기능을 최대로 활용함으로써 기쁨을 얻을 수 있는 물건이야말로 진정 자신이 좋아하는 물건이다. 단지 남의 눈을 의식해 갖고 있던 물건이라면 이제 그만 버려라.

필요한 물건과 갖고 싶은 물건을 구분하라

조금 극단적인 예를 들어보겠다. 산에 얇은 옷을 입고 가볍게 올라가다가 아무런 지식도 없이 어딘가에서 길을 잃었다. 공교롭게도 폭풍우가 닥쳐와 비를 흠뻑 맞고 몸이 차가워졌다. 식량도 없다. 간신히 오두막 집을 발견하고는 담요로 차가워진 몸을 녹인다. 이때 그 사람에게 정말로 필요했던 것은 바로 담요다.

요즘은 밖에 나가기만 하면 온갖 매력적인 물건들을 볼 수 있다. 최신 가전제품, 편리한 생활용품들, 예쁜 디자인의 도구, 화려한 옷까지 누구나 갖고 싶을 만한 물건들이 넘쳐난다. 아무리 추워도 담요는 한 장만 있으면 충분할 텐데 예쁜 무늬가 있는 담요, 감촉이 좋은 담요에 자꾸만 눈이 간다.

어떤 물건을 갖고 싶다는 생각이 들 때 그 물건이 자신에게 필요한지 아닌지 물어보면 대부분은 그냥 사지 않고 넘어갈 수 있다. 고이케 류노스케小池龍之介 스님은 갖고 싶은 물건이 있을 때 가슴에 손을 얹고 가만히 생각해본 후 괴롭다고 느껴지면 그 물건은 필요한 게 아니라 그냥 갖고 싶은 것일 뿐이라고 했다. 여기서 '괴롭다'는 건 이미 충분히 갖고 있는데도 뭔가 부족하다고 느끼기 때문에 생기는 감정이다.

버리기 힘든 물건은 사진으로 남겨라

이 아이디어가 내게 얼마나 큰 도움이 되었는지 모른다. 그냥 버리면 눈물이 날 정도로 아쉬워서, 지금도 버리는 물건은 꼬박꼬박 사진을 찍어 남기고 있다. 얼마 전에는 손톱깎이를 사진으로 찍어놓은 뒤 버렸다. 사실 버리기 힘든 것은 물건 자체의 가치가 아니라 물건에 얽혀 있는 추억이다.

물건을 버리는 것과 물건에 얽힌 추억을 버리는 것은 완전히 별개다. 그 사실을 알면서도 좀처럼 버릴 수 없는 것이 사람의 정이다. 하지만 추억은 사진에 의지하면 금세 되살릴 수 있다. 아이가 학교에서 만든 작품이나 여행지에서 사온 기념품, 누군가에게 받은 선물 등 버리기 힘든 물건은 사진으로 찍어놓으면 버리기가 훨씬 수월하다. 그런데 경험상 그 사진을 다시 들여다보는 일은 거의 없다. 내가 버린 물건의 사진은 수천 장이나 되지만 그 사진 역시 없애도 괜찮을 듯하다. 자꾸 버리다 보면 과거보다는 지금이 보이기 시작한다. 사진을 찍지 않고도 버릴 수 있는 날이 올 때까지 일단 사진을 계속 찍는 것도 좋은 방법이다.

추억은 **디지털로 보관하라**

필름카메라를 무척 좋아했기 때문에 지금까지 필름 구입과 사진 현상에 들어간 돈은 그 액수를 이루 다 가늠할 수도 없다. 마음에 드는 콤팩트카메라를 샀을 때는 너무 기뻐서 매일 가지고 다녔다. 하지만 사진을 찍기만 좋아했지 정리정돈은 제대로 하지 못했다. 인쇄물과 네거티브 필름은 사진관에서 현상해준 상태 그대로 마구 뒤섞인 채 봉투에 가득 쑤셔 박혀 있었다. 그런 상태이다보니 사진을 찍은 장소도, 날짜도 잘 알지 못한다. 무엇보다 벽장에 아무렇게나 넣어둔 탓에 한 장 한 장 꺼내는 것도 번거로웠다. 결국은 사진만 잔뜩 찍어놓고 다시 들여다보지도 않았던 것이다.

물건을 버리기 시작하면서 필름의 인쇄물도, 받은 편지도 모두 스캔해서 디지털화했다. 이렇게 하면 언제든지 손쉽게 다시 꺼내볼 수 있다. 날짜와 장소만 꼼꼼히 폴더명으로 기록해두면 추억을 되돌아보기 편하다. 다만 백업은 이중으로 철저히 해야 한다. 클라우드 스토리지에 파일을 저장해두면 전 세계 어디서든지 자신의 소중한 앨범에 액세스할 수 있다.

물건 씨의 집세까지 내지 마라

사람은 일어나 앉으면 다다미 반 장, 누우면 다다미 한 장으로 족하다는 말이 있다(다다미 한 장의 크기는 약 182cm×91cm다─옮긴이). 사람이 살아가는 데 필요한 공간은 실제로 그만큼이다. 누군가가 방에 들어온다 해도 늘어날 공간은 그만큼이다. 집에 사람이 한 명 늘어나도 실제로 추가되는 집세는 그렇게 많이 들지 않는다. 그런데 여럿이 사는 사람들뿐 아니라 혼자 사는 사람들에게도 공간을 많이 차지하는 동거인이 있다. 동거인의 이름은 바로 '물건 씨'다. 물건 씨가 앉거나 눕는 데 사용하는 공간은 여간 큰 게 아니어서 사람에 비할 바가 아니다.

우리는 대부분 넓은 집에 살고 싶어 하지만 그것은 자신이 살기 위해서가 아니라 물건 씨를 넓은 곳에서 살게 해주고 싶기 때문이다. 물건 씨는 줄곧 집에만 있는 니트 족NEET, Not in Education, Employment or Training(취학, 취업, 직업훈련 중 어느 것도 하지 않는 젊은이를 가리키는 말─옮긴이)으로 집안일도 도와주지 않을뿐더러 오히려 쓸데없는 일을 늘리는 데 한몫을 한다. 그런 물건 씨의 집세까지 기꺼이 내고 있지는 않은가? 당장 나가라고 하든지, 비만이 된 물건 씨가 바로 다이어트를 시작하도록 해야 한다.

rule 17 수납·정리 개념을 **버려라**

연말에 대청소를 하면 누구나 웬만큼은 상쾌하다. 어느 정도 물건도 버리고 아무렇게나 흩어져 있는 물건을 정리해서 수납해놓기 때문이다. 집 안에서 제대로 사용하지 못하던 공간을 효과적으로 활용하기 위해 가능한 한 물건이 밖으로 나오지 않도록 수납한다. 흩어져 있던 물건을 정리 정돈해서 잘 보관하고 밖으로 나와 있는 물건을 제자리에 넣는다. 하지만 그다음 해의 대청소에서도 또다시 같은 일을 되풀이한다. 시간이 지나거나 바빠지면 자연히 원래 상태로 되돌아오기 때문이다. 수납과 정리 기술에 의존하는 한, 어지간히 성실한 사람이 아니고서는 이 사이클을 반복하게 된다.

수납과 정리 기술에 의지하기보다는 먼저 물건의 수를 줄여야 한다. 물건의 수가 줄어들면 어질러지는 일 자체가 줄어든다. 내 방에는 물건이 거의 없기 때문에 이제 어질러지는 일 자체가 일어나지 않는다. 어질러진다는 개념이 아예 없는 상태다.

수납장이라는 둥지를 버려라

보통은 수납장 속에 있는 물건을 조금씩 줄여나가다 안이 텅 비면 그때서야 비로소 수납장을 버릴 수 있다고 생각한다. 하지만 그건 착각이다. 해충을 박멸하는 경우를 생각해보자. 해충을 한 마리 한 마리 없앤후 해충 둥지를 제거할 것인가? 한 마리씩 없애자면 끝이 없다. 언젠가해충 둥지에서 또다시 우글우글 기어 나와 원래 상태로 돌아갈 것이다.마찬가지로 물건을 줄이려고 아무리 마음먹어도 수납장이라는 둥지가 있으면 어느새 물건이 들어와 살기 시작하고 차츰차츰 그 수가 늘어난다.

　먼저 둥지인 수납장을 공격해야 한다. 수납장을 버리면 당연히 물건이 바닥에 넘쳐날 것이다. 수납장이 있던 자리에 그냥 놓여 있거나 여기저기 흩어져 방을 어지럽히기도 한다. 사람들은 그런 상황을 보면 그대로 두질 못한다. 그래서 바닥에 흩어진 물건들을 줄이기 시작한다.수납장이 없는 물건은 둥지를 잃은 가련한 벌레처럼 언젠가는 모습을감추게 된다.

rule 19 데드 스페이스를 살리지 마라

흔히 수납 기술에서 빼놓을 수 없는 것이 '데드 스페이스'라는 개념이다. 아무것도 놓지 않은 공간을 헛되이 죽은 공간으로 보고 온갖 수납 기술을 발휘해 그 공간을 메워나가는 것이다. 예를 들어 세탁기 위의 공간은 천장까지 비어 있다. 그 빈 공간에 선반을 설치해 타월이나 세제를 올려둔다. 이 정도라면 아직 괜찮다. 빈 공간 구석구석 받침목을 장치하고 후크를 매달아 수납공간을 늘리는 경우도 있다. 그러나 이래서는 쾌적한 생활을 누릴 수 없다. 언젠가는 수납장과 선반에서 물건들이 쏟아져 나올 테니 말이다.

만원 지하철을 타면 숨쉬기가 곤란하듯이, 온갖 테크닉을 이용해 쑤셔 넣은 물건들은 보기만 해도 숨이 막힌다. 무엇보다 처음과 똑같이 수납하려면 생각 이상으로 품이 든다. '무용지용'無用之用이라는 말이 있듯이 쓸모없는 것이 오히려 쓸모 있음을 알아야 한다. 아무것도 없는 빈 공간, 죽은 공간이야말로 마음을 편안하게 하고 생기가 넘치게 한다.

rule 20 영원히 오지 않을 '언젠가'를 버려라

가전제품을 사면 많은 부속품이 함께 딸려온다. 여분의 나사나 케이블 등은 언젠가 필요할 때 없으면 곤란할 것 같아서 잘 보관해두지만 어디에 사용하는 건지도 모르고 보관한다. 생각해보면 이렇게 보관해둔 물건을 정말 필요할 때 제대로 사용해본 적이 없다. 애초에 갖고 있다는 사실조차 잊어버려 필요할 때도 유용하게 쓰지 못한다. 나는 가전제품이 고장 나면 필요하다는 보증서도 한 번도 사용한 적이 없기 때문에 이제는 바로 버린다.

언젠가 어딘가에 사용할 수 있을지도 모른다며 잘 보관해두는 빈 과자 통이나 예쁜 종이봉투들, 언젠가 시간이 나면 시작하겠다고 방치해둔 영어 회화 교재와 도중에 팽개친 취미용품들. 그 '언젠가'는 영원히 오지 않는다. '언젠가'라는 기대를 이제는 미련 없이 버려라. 지금 필요하지 않은 물건은 앞으로도 필요 없다.

rule 21 　과거에 **집착하지 마라**

물건을 버리는 데 중요한 핵심은 지금 자신에게 필요한지 아닌지를 분별하는 것이다. '언젠가'라는 미래를 위해 물건을 보관해놓아도 거의 쓸모없는 것처럼, '예전에'라는 과거에 집착하면 물건은 끝도 없이 늘어날뿐이다.

학생 시절에 필요했던 교과서, 어렸을 때 읽고 감명받았던 책, 오래전에 자신을 근사하게 만들어준 옷, 한때 매료되었던 취미용품, 옛 애인에게 받은 추억의 선물 등. 과거에 집착하면 새로운 일이 생기지 않는다. 과거에 필요했던 물건과 깔끔하게 인연을 끊지 않으면 가장 중요한 지금은 늘 무시되고 만다.

과거의 물건과 마주하는 일은 과거의 자신과 마주하는 일이기도 하다. 따라서 과거의 물건을 버리는 일은 자신에 대한 편견을 고쳐나가는 데도 좋은 방법이다. 물론 지금의 자신이 가장 마음에 든다면 그것으로도 좋다. 하지만 뭔가 달라지고 싶다면 지금 꼭 필요한 물건만 곁에 두자.

잊고 있던 물건은 버려라

미니멀리스트라고 말할 수 있으려면 자신이 가지고 있는 물건을 전부 손꼽을 수 있어야 한다. 소유한 물건 중 효율적으로 사용하고 있고 자신에게 필요한 물건이라면 당연히 기억하고 있을 것이다. 거꾸로 말하면, 가지고 있다는 사실조차 잊고 있었던 물건이라면 자신에게 필요하지 않은 것이다.

집에서 물건을 버리려고 찾다 보면 '이런 것도 갖고 있었군!' 할 때가 있다. 옷장 맨 밑에 들어 있던 옷이 그렇다. 다시 코디네이션해서 입어 볼까 싶지만 지금까지 그 옷 없이 지내왔으니 이제는 필요 없다. 필요했다면 그런 곳에 넣어두었을 리가 없다. 텔레비전 받침대와 벽 사이에 떨어져 있던 자질구레한 물건도 필요 없다. 필요하다면 혈안이 되어서 찾았을 것이다.

만일 이사한 후 열어보지도 않은 상자가 있다면 그것은 앞으로도 필요 없다. 무엇이 들어 있는지조차 잊고 있는 상자라면 통째로 버려도 상관없다.

rule 23 | 버릴 때 **창조적이** 되지 마라

물건을 버리려고 할 때 사람들은 놀라울 정도로 아이디어가 반짝반짝한다. 평소에는 전혀 생각지도 못했던 창조적인 기지를 발휘한다.

"잠깐만, 이 빈 쿠키 통, 버리기엔 너무 아까워. 약상자로 쓰면 어떨까?"

"이제 정말 이 토트백은 버려야겠어. 내일 버려야지… 아니야, 이 토트백에 종이봉투들을 넣어두면 되겠는걸."

"예쁘긴 한데 쓰지 않을 거니까 이 향수병은 버리자. 아니야! 언젠가 시간이 되면 마트에서 전선을 사서 이 병을 근사한 조명등으로 리폼하는 거야."

아마도 그 조명등은 영원히 완성되지 않을 것이다. 대부분 물건을 버리는 일에서 도망치고 싶어서 억지로 생각해낸 아이디어다. 아무리 번쩍이는 아이디어가 떠올랐다고 해도 자신을 믿지 마라. 물건을 버릴 때는 누구나 일류 크리에이터가 되곤 한다.

rule 24 본전을 **되찾겠다는** 생각을 **버**려라

버릴 때 아깝다고 생각하는 가장 큰 이유 중 하나는 비싸게 주고 산 물건이기 때문이다. 비싸게 샀는데 아직 본전을 뽑지 못했다! 마음속 어딘가에서 이런 생각이 든다. 하지만 앞으로도 본전을 찾을 가능성은 거의 없다.

디자인과 색상이 무척 마음에 드는데 사이즈가 맞지 않아 입지 못한 옷이 있다면 아직 입을 수 있다는 미련이 남아 있다. 그리고 지불한 돈생각이 나서 버리지 못한다. 하지만 실제로는 그 물건이 쓸데없이 공간을 차지하는 데다 물건을 볼 때마다 '아! 아직 사용하지 못했는데, 괜히 샀어.' 하는 생각이 들어 우울해진다. 여기서 보는 손해는 만만치 않다. 그 물건 때문에 하루 수십 엔이든, 100엔이든 당신의 지갑에서 조용히 빠져나가고 있다. 가치가 계속해서 내려가는 주식은 어느 시점에서 손을 떼야 한다. 본전을 찾으려는 생각을 버리고 손해는 손해로 받아들여 재빨리 손을 떼는 것이 지갑을 위해서도, 편안한 마음을 유지하기 위해서도 결국 더 나은 선택이다.

rule 25

여분을 비축해두지 마라

두루마리 화장지나 티슈 등 일용품이 떨어질 때마다 사러 가기가 영 번거로워 한꺼번에 잔뜩 사서 쟁여두는가? 혹은 가격이 싸니까 사재기를 하는가? 이런 습관은 오늘로 작별하자.

여분으로 사둔 물건은 그만큼 여분의 공간을 필요로 한다. 수납공간이 필요해지는 것이다. 또 물건을 많이 쌓아두면 재고량을 파악하기 어렵다. '면봉 사둔 게 있던가? 싸니까 많이 사둘까?' 이렇게 생각하고 사서 집으로 돌아왔는데 어지간한 약국 못지않게 비축해놓은 면봉을 발견한다.

처음에는 예비품을 한 개만 두자. 한 개를 다 쓰면 또 한 개를 비축한다. 그다음에는 미리 비축해두지 않는다. 다 쓰고 나서 사러 가면 된다. 비상사태 때 다른 사람들에 대한 배려 없이 사재기를 하는 태도는 정말 보기에도 좋지 않다. 사재기하는 습관은 이제 그만두도록 하자.

아직도 **설**레는지 **확**인하라

큰 인기를 끈 곤도 마리에의 《인생이 빛나는 정리의 마법》에서 가장 인상에 남는 한마디는 '마음이 설레는가?'였다. 저자는 물건을 선별할 때 실제로 물건을 만지면서 마음이 설레는 물건만 남기라고 강조한다. 이 간단한 물건 선별법은 정말로 편리하다. 비싸게 주고 샀지만 어딘가 마음에 들지 않아 사용하지 않는 물건, 제대로 활용하지 못해 부담이 되어버린 물건, 이미 충분히 애용했기에 더 이상 미련이 없는 물건, 이런 물건에는 확실히 설레지 않는다. 설레는지 아닌지 하는 직감은 확실히 신뢰할 수 있다.

설레는 것은 '지금'이므로 과거도 미래도 아닌 현재에 초점을 맞출 수 있다. 설레는지 아닌지만 구분하면 되므로 판단하는 데 걸리는 시간도 짧다. 이 설렘은 의외로 기준이 높기 때문에 왠지 버리지 못하던 물건도 버려야 할 대상에 들어가기 쉽다.

스스로 '왜 버리지 못하는가?'라고 물어보라. 그리고 '설레는가?'라고 물어보라. 이는 감각을 예민하게 기르는 연습으로도 효과가 크다.

대리 옥션을 이용하라

나는 대리 옥션을 이용해 입지 않는 옷이나 사용하지 않는 가전제품, 카메라 수집품 등 많은 물건을 버렸다. 그러나 버린 물건 중에서도 잊을 수 없는 것이 있다. 바로 필름 사진을 프린트할 수 있는 현상기다. 친구에게 돈까지 빌려 15만 엔 정도에 낙찰받았지만 전혀 사용하지 않았다. 귀찮기는 해도 언젠가 옥션에 내놓으면 10만 엔은 될 거라고 생각했기에 계속 갖고 있었다. 결국에는 당장 버리고 싶어져 재활용품으로 내놓았다. 계속 갖고 있던 결과 버리는 비용까지 들었던 것이다.

　내가 이용한 것은 퀵두Quick Do라는 대리 옥션 서비스다. 종이에 간단히 내용을 기입하고 정리해서 보내기만 하면 대신 옥션에 출품해준다. 낙찰 대금에 준하는 수수료가 들지만 번거로운 출품 작업이나 발송 절차를 직접 하지 않아도 된다. 경매 장면을 볼 수 있는 것도 즐겁다. 금방 정리해서 버릴 수 있는 대리 옥션은 매우 편리하다.

버리기 전, 물건과 다시 마주하라

나는 대리 옥션으로 상당히 많은 물건을 처분했다. 야포크 등의 인터넷 경매 사이트에 물건의 사진을 찍어 상품 정보를 적고 발송하는 데 꽤 시간과 노력이 들기 때문이다. 책의 첫머리에서 소개한 이토 고타는 그 래도 역시 옥션이 가장 좋다고 한다. 그도 예전에는 악기나 음악 기자 재에 둘러싸여 있었지만 옥션을 이용해서 처분한 모양이다.

옥션에 물건을 보내고 처분하는 과정에는 확실히 시간과 노력이 든 다. 사진을 제대로 찍어야 하고 물건의 사양과 특징을 꼼꼼히 정리해야 한다. 그런데 그런 작업을 하는 동안 다시금 그 물건을 살 당시의 기분 으로 돌아간다. 이것이 바로 내가 옥션을 권하는 이유다.

지금 자신에게 더 이상 필요하지 않은 이유도 생각해보자. 수고가 드 는 작업을 거치면서 다시 한번 물건과 마주하는 것이다. 두 번 다시 이 런 잘못된 구입은 하지 않겠다고 마음속으로 맹세할 수도 있다. 물건을 처분하는 과정을 거치면서 조금씩 앞으로 나아갈 수 있다.

rule 29 출장 매입을 이용하라

대리 옥션을 이용할 때는 물건을 발송하는 수고가 든다. 사실 상자를 준비하거나 포장재를 준비하는 일은 시간도 걸리고 번거롭다. 이에 비해 출장 매입 서비스는 매입 가격이 대리 옥션보다 낮기는 하지만 무척 편리하다. 직접 포장할 필요도 없이 업자가 집에 와서 물건을 가져간다.

나는 텔레비전 같은 큰 물건을 처분할 때 출장 매입 서비스를 이용했다. 텔레비전은 포장하는 일만도 보통 일이 아니다. 홈시어터와 플레이스테이션 3도 같은 방법으로 없앴다. 1,000권은 족히 넘고도 남을 책은 진보초神保町(도쿄에서 서점과 출판사가 많이 모여 있는 지역―옮긴이)에 있는 고서점에서 집으로 방문해 수거해갔다. 한 권 한 권 견적을 받을 수도 있었지만 전부 해서 2만 엔에 넘겼다. 신중하게 판매하는 것도 좋지만 시간과 수고를 최소한으로 줄이는 것이야말로 쉽게 물건을 버릴 수 있는 방법이다.

구매 가격 그대로 생각하지 마라

내가 42인치 플라즈마 텔레비전을 샀을 때 가격은 8만 엔 정도였다. 하지만 처분할 때는 1만 8,000엔에 팔았다. 그리고 4만 엔에 샀던 홈시어터는 5,000엔에 팔았다. 솔직히 말해서 조금 더 받을 수 있을 거라고 생각했다. 사용 기간도 3년 정도밖에 되지 않은 좋은 제품이었기 때문에 옥션에 내놓으면 가격이 두 배로 뛰었을지도 모른다. 하지만 물건을 가지고 있을 때 나는 줄곧 그 물건의 가치를 샀을 때의 가격 그대로 생각하고 있었다는 사실을 깨달았다. 샀을 때의 가격으로 생각하면 결코 처분할 수 없다.

신차도, 신축 건물도 구입 다음 날부터는 중고로 취급되듯 물건의 가치는 대부분 살 때의 가격에서 매일매일 하락한다. 하지만 사람들은 자신이 갖고 있는 물건은 대부분 비싸게 가늠하는 경향이 있다. 물건을 타인의 손에 건넬 때는 구입 가격을 기준으로 삼는 '자기 편향'적 사고를 벗어나라. 그러면 처분하기가 훨씬 쉬워진다.

rule 31 마트를 창고로 생각하라

음악 프로듀서 출신으로 현재 라이프스타일 디자인을 테마로 강연을 하고 있는 요스미 다이스케四角大輔가 저서에서 소개한 '마트를 창고로 생각하라.'는 발상은 집 안의 재고 물량을 줄이는 데 매우 도움이 되는 아이디어다. 마트는 당신에게 필요한 물건을 놓아둘 장소를 확보하고 꼼꼼히 관리해주는 창고다. 편의점은 갑자기 물건이 필요해질 때를 대비해 일부러 24시간 열어두는 창고다. 물건을 '산다'가 아니라 필요할 때 창고에 '가지러 간다'는 발상이다.

실제로 집에 창고를 만들 필요는 없다. 또한 창고 이용 대금을 매월 지불하기도 아깝다. 창고에 물건을 잔뜩 쌓아두면 무엇이 있는지도 모를뿐더러 숨이 턱 막혀온다. 그런데 우리 주변에는 마트가 많다. 이 창고는 언제든지 정중히 우리를 맞아주고 재고도 풍부하다. 이렇게 훌륭한 창고가 가까이에 있다. 아마존 사이트는 또 다른 거대한 창고이기도 하다. 이렇게 편리한 창고가 많이 있으니 굳이 집에 창고를 만들지 않아도 된다.

거리가 당신의 응접실이다

여러 명이 앉을 수 있는 큰 소파가 놓인 응접실을 갖고 싶어 하는 마음은 잘 안다. 하지만 응접실이 꼭 '집'에 있어야 할 필요는 없지 않을까? 내 응접실은 몇 시간 앉아 있어도 편안한 소파가 놓여 있는, 거리의 카페다. 커피 한 잔을 놓고 오랫동안 이야기에 빠져 있어도 아무도 뭐라하지 않는 안락한 찻집이다. 물론 친구를 집으로 초대해 전골 파티를하거나 한껏 화려한 모양을 낸 오르되브르(애피타이저)를 만들어 홈 파티를 열고 싶어 하는 기분도 너무나 잘 안다. 하지만 겨우 몇 번의 모임자리를 마련하기 위해 물건과 공간을 늘리는 것은 효율적이지 않다.

집으로 초대하라는 사람들에게 나는 이렇게 말한다.

"전골 요리, 좋지! 하지만 집에 아무것도 없어서 만들 수가 없어. 미안해. 하지만 맛있는 전골을 저렴하게 먹을 수 있는 식당을 알고 있으니그리로 가자! 마시다 부족하면 2차 정도는 우리 집에서 할 수 있어."

거리 전체가 자신의 응접실이라고 생각하면 가능성은 한없이 커진다.

열정을 갖고 말할 수 없는 물건은 버려라

물건을 좋아하면 좋아할수록 브랜드의 배경이나 물건이 탄생한 역사에 관해 상세히 알게 된다. 정말로 좋은 물건에는 로망이 있고, 열정을 쏟아부어 개발된 물건에는 배경과 역사가 있다.

세상에 그렇게 많이 존재하는 좋은 물건 중에서 왜 그것을 선택해 가지고 있는가? 이를 열정을 담아 말할 수 있다는 건 그 물건을 고른 명확한 이유가 있다는 뜻이다. 다른 물건이 아닌 꼭 그것이어야 하는 이유가 분명히 있다.

이유가 있는 물건은 자신에게 완벽한 물건이다. 어쩌다 보니 고르게 된 물건은 나중에 버리거나 교환하게 된다. 소유하고 있는 이유가 명확하지 않은 물건은 만족도도 낮다. 세상의 좋은 물건 중에서 자신이 가지고 있는 몇 안 되는 물건은 모두 애착을 가지고 말할 수 있어야 한다. 이것이 아니면 안 된다고 여기는 물건을 갖고 있으면 다른 물건을 욕심내지 않게 된다.

한 번 더 사고 싶지 않다면 버려라

자신이 정말로 그 물건을 좋아하는지, 정말로 꼭 필요한지를 판단하려면 '이것을 잃어버릴 경우 다시 한 번 그 가격으로 사고 싶은가?'라고 자문해보는 것도 효과적인 방법이다. 어떤 물건을 잃어버리거나 누군가 훔쳐갔다고, 또는 다 써서 없어졌다고 상상해보라. 이때 같은 물건을 같은 가격으로 사고 싶다면 정말로 당당하게 좋아한다고 말할 수 있는, 자신에게 꼭 필요한 물건이다.

반대로 '이 물건은 두 번 다시 사고 싶지 않아!'라는 생각이 든다면 잘 사용하지 못하고 있는, 지불한 돈 이상의 가치가 없는 물건이므로 당장 버려도 좋다. 다음에는 다른 물건을 사야겠다는 생각이 든다면 틀림없이 어딘가 마음에 들지 않는 점이 있는 것이다. 어쩌다 보니 갖게 된 물건이다. 물건을 잃어버리거나 수명이 다해 떨어진다 해도 다시 같은 것을 사고 싶어지는 물건이라면 진정한 만족감을 얻을 수 있을 것이다.

rule 35 버리지 않는 게 우정은 아니다

버리기가 좀처럼 쉽지 않은 물건이 바로 다른 사람에게 받은 선물이다. 선물을 버리다니, 준 사람에게 너무 미안하고 성의를 짓밟는 것 같아서 자신이 비정한 인간처럼 느껴진다. 하지만 조금 더 생각해보자. 자신이 받은 물건은 기억하고 있겠지만 누군가에게 준 물건은 기억하고 있는가? 누군가에게 선물을 주고 나서 "내가 준 선물 잘 쓰고 있어?"라고 물어본 적도 없다. 만일 상대방이 내가 준 물건을 거추장스럽게 생각하거나 필요 없는데 버리지도 못하고 곤란해한다면 누구라도 싫지 않을까? 빨리 버려줬으면 좋겠다는 생각만 들 것이다.

누군가에게 받은 필요 없는 물건을 바라보면서 한숨을 쉬는 지경이라면 단호히 버리는 편이 오히려 그 사람을 존중하는 것이다. 만에 하나 과거의 선물을 버렸다고 화내는 사람이 있다면 당신과의 '현재'를 소중하게 여기지 않는 그 사람과는 거리를 둬도 좋다. 그런 사람은 우정과 애정을 물건으로 전하려는 사람이다.

rule 36 고인의 물건이 아닌 말과 행동을 기억하라

선물 받은 물건 이상으로 버리기 어려운 것이 세상을 떠난 사람의 물건이다. 고인과의 추억을 소중히 하고 싶은 마음에 전혀 사용할 수 없는 물건까지도 간직하곤 한다. 그 마음은 무척 아름답다. 하지만 자신이 죽었다고 생각해보라. 자신의 물건이 남은 사람을 곤란하게 만든다면 과연 그 상황이 기쁠까? 남아 있는 사람이 내 물건 때문에 곤혹스럽지 않고 생기 있고 행복하게 지낼 수 있기를 기원하지 않을까?

죽은 사람의 물건을 소중히 하는 마음은 아름답다. 하지만 그 일에 필요 이상의 에너지를 쏟아붓고 피폐해진다면 죽은 사람 누구라도 편치 않을 것이다. 서양화가인 우메하라 류자부로梅原龍三郎는 세상을 떠나기 전 이렇게 유언했다.

"장례식은 필요 없다. 조문과 공양물도 고사해라. 산 자가 죽은 자 때문에 번거로워서는 안 될 일이다."

세상을 떠난 사람의 물건을 관리하는 시간보다 고인의 말을 가만히 되새겨보거나 살아생전 자신에게 해준 일의 의미를 되짚어보는 시간이 훨씬 더 소중하다.

rule 37 · 버리고 **남은 것**이 **가장** 소중하다

《지미헨》じみへん이라는 만화로 잘 알려진 만화가 나카자키 다쓰야中崎タツヤ는 철저하게 물건을 소유하지 않는 사람이다. 다음은 그의 저서 《소유하지 않는 남자》もたない男에서 인용한 것이다.

> 내 사진이나 일기 같은 기록은 나 자신의 과거 자체와는 관계가 없다. 추억이 담겨 있는 사진과 기록을 버렸다고 해도 내 마음속에 있는 기억으로서의 과거는 남아 있다. 물건을 버렸다고 해서 과거를 버렸다는 식으로 과장할 일은 아니다. 만일 잊어버린 추억이라면 잊어도 좋은, 필요 없는 기억일 것이다. 필요한 인생의 기억은 자연스럽게 남아 있기 마련이다.

이런 사고방식을 접하면서 나는 더욱 자신 있게 물건을 버릴 수 있었다. 중요한 것은 기억이라는 필터를 거쳐 자연히 남아 있다. 내 속에는 소중한 추억이 모두 보존되어 있다. 물건이라는 단서가 없어도 기억해 낼 수 있는 과거야 말로 가치 있다. 또한 물건을 버리면 쓸데없는 소음도 없어져 중요한 과거를 더욱 잘 떠올릴 수 있다.

제3장 | 인생이 가벼워지는 비움의 기술 55   133

꼬리에 꼬리를 무는 물건, 근본을 잘라내라

스마트폰을 한 대에서 두 대로 늘린다고 하자. 이때 늘어나는 물건의 양은 스마트폰 하나가 아니다. 먼저 새 스마트폰에 씌우는 케이스가 있다. 액정 화면에 붙이는 지문 방지 필름과 전원 케이블, 이어폰 잭 커버와 줄까지 순식간에 물건이 5개나 늘어나고 말았다. 이렇듯 물건은 또 다른 물건을 부른다.

컴퓨터를 사면 컴퓨터 받침대, 프린터, 스캐너, USB메모리, 외부 부착용 HDD, 워드프로세스 소프트웨어, 클리너 등 관련된 물건이 끝없이 늘어난다. 반대로 말하면 근본을 잘라내야 많은 물건을 한 번에 버릴 수 있다. 텔레비전을 처분하면 텔레비전에 연결된 홈시어터, 플레이스테이션 3, 녹화용 HDD도 버릴 수 있다. 모든 기기를 연결하는 복잡한 케이블이나 어댑터도 전원 탭과 함께 버릴 수 있다. 게임을 그만두면 캐릭터와 방법 등을 설명한 몬스터 도감, 귀중한 카드 세트, 상으로 받은 트로피도 더 이상 모을 필요가 없어진다. 용기를 내서 큰 물건을 처분하면 그만큼 절약되는 금액도 크다.

rule 39 박물관을 지을 게 아니면 컬렉션은 버려라

고서를 좋아하기로 유명한 문학가 가시마 시게루鹿島茂는 값비싼 프랑스의 고서를 자기 돈을 들여 수집한다. 디자이너 소부에 신祖父江慎은 모든 시대에 모든 서체로 쓰인 나쓰메 소세키의 저서 《도련님》을 모으고 있다. 이들처럼 일반인의 틀을 벗어난 열렬한 수집가가 갖고 있는 물건은 분명 귀중하다. 수집품이 그대로 박물관이 될 수 있을 것도 같다. 정말로 귀한 수집품이라면 누군가는 반드시 보존하려 할 것이다. 미니카를 좋아하기로 유명한 경제학자 모리나가 다쿠로森永卓郎는 실제로 박물관을 만들기도 했다.

하지만 이 정도 열정이 아니라면, 누구라도 일정한 노력으로 모을 수 있는 컬렉션이라면 수집하고 있는 본인에게도 부담이 될 뿐이다. 정말로 귀중한 물건은 누군가가 제대로 수집해서 그에 걸맞은 장소에 보존할 것이다. 그만한 열의가 없는 수집이라면 과감히 처분하자. 집은 박물관이 아니다. 귀중한 물건은 박물관에 가서 보면 된다.

누군가 가지고 있는 물건은 빌려라

유루리 마이의 《우리 집에는 아무것도 없어》에서 나는 저자가 졸업 앨범을 버렸다는 일화에 충격을 받았다. 추억 피라미드 중에서도 정점이라고 할 만한 물건을 버리다니, 과연 '버리기 변태'답다. 하지만 생각해 보면 졸업 앨범은 대개 모든 사람이 보관하고 있다. 동급생 수백 명이 가지고 있는, 실은 별로 귀중할 것도 없는 물건이다.

사실 자신만의 물건을 갖고 싶다는 소망에는 누군가에게 폐를 끼치거나 쓸데없는 수고를 하게 만들고 싶지 않은, 즉 사람과 얽히는 것을 피하려는 마음이 들어 있다. 때문에 물건을 빌리거나 버리지 못하고 직접 사서 소유하려 한다. 하지만 그래서는 물건을 결코 버리지 못한다. 혹시 졸업 앨범이 보고 싶어 밤에 잠 못 이루고 머리를 쥐어뜯을 정도라면 친구에게 연락해 앨범을 보여달라고 하라. 폐를 끼친다는 생각도 들겠지만 친구에게 그런 부탁을 받고 냉정하게 거절하는 사람은 친구가 아니다. 또한 감사하는 마음을 잊지 않는다면 폐는 더 이상 폐가 아니다.

렌탈 서비스를 이용하라

요즘은 인터넷을 통해 정말로 다양한 물건을 손쉽게 빌릴 수 있다. 1년에 한 번밖에 사용하지 않거나 사용 빈도가 극히 낮은 물건은 렌탈 서비스를 이용하는 것이 좋다. 운동회 철에는 망원렌즈를 많이들 빌린다. 해외여행을 할 기회가 적다면 여행 가방도 렌탈하는 게 공간을 차지하지 않아 좋다. 책을 스캔해서 PDF 파일로 만들고 싶은 사람은 스캐너를 빌려 1년에 한 번 종이 책을 스캔하는 작업을 하면 된다. 평생에 한 번 있는 행사를 위한 아이 옷, 대청소를 위한 고압식 세정기 등도 렌탈하는 것이 좋다. 등산용 기어도, 다이빙에 필요한 기자재도 렌탈할 수 있다. 스타일리스트가 골라준 양복을 렌탈할 수 있는 서비스도 있다.

우선은 빌린 뒤에 정말로 사용 빈도가 높고 마음에 들어서 꼭 갖고 싶은 물건이 있다면 그때 구입하면 된다. 관리하는 데 드는 수고와 비용을 생각하면 렌탈은 의외로 괜찮은 선택이다.

버린 물건과 방을 SNS에 공개하라

효과적인 다이어트 방법으로 '주변에 선언하기'가 있는데, 물건을 줄이는 데도 이 방법은 유용하다. 혼자서 다이어트하고 있으면 아무래도 달콤한 변명을 앞세우게 된다. 사람은 누구나 타인의 시선을 가장 신경 쓴다는 사실을 반대로 이용하는 것이다.

가령 옷을 절반으로 줄이겠다는 목표를 SNS에서 선언하고 버린 물건을 공개한다. 버린 물건을 사진으로 찍거나 점점 정리되어 가는 과정을 공개하는 것이다. 혼자서 할 때와 달리 주변의 반응도 있어서 동기 부여가 된다.

나도 블로그에 내 방을 공개하고 있지만 방을 공개하면 물건 버리기에 한층 박차를 가하게 된다. 미니멀리스트 사이에서도 불필요해진 물건의 사진을 SNS로 올리고 '누군가 원하는 사람 없나요?' 하고 묻는 일이 최근 유행하고 있다. 그 물건을 원하는 사람을 찾으면 그냥 버리는 것이 아니므로 죄의식도 줄어든다. 누군가에게 도움이 되었다는 기쁨도 있어 일석이조다.

rule 43 정말로 필요한지 물건에게 물어보라

다큐멘터리 영화 〈365일의 심플 라이프〉는 무척 흥미롭다. 주인공 청년은 어느 날 창고를 빌려 모든 짐을 맡기고 그때부터 물건을 하루 한 가지만 꺼낼 수 있다는 규칙을 만든다. 첫날은 정말로 아무것도 갖고 있지 않았기에 중요한 부위만 신문지로 가린 채 창고까지 질주한다. 이날은 창고에서 코트를 꺼내고 딱딱한 마루에 누워 잠을 잔다.

소중한 물건을 확인하기 위한 실험이다. 실제로 이와 똑같이 할 수는 없겠지만 상상으로 실험을 흉내 낼 수는 있다. '소유한 물건 제로'에서 시작해 하루에 한 가지밖에 꺼낼 수 없다고 규칙을 정하고, 이 물건은 몇 번째로 필요한 것인지 물어보라. 혹은 이 물건을 도둑맞았다고 치고 다시 동일한 가격으로 사고 싶은지 생각해보라. 아니면 다음 주에 이사한다고 가정하고 이 물건을 가지고 갈 것인지 물어보라. 특별한 이유도 없이 막연히 갖고 있는 물건이 많을 것이다. 물건에게 물어보는 일은 중요하다. 물건에게 물어보는 일은 자신에게 물어보는 일이기 때문이다.

임시로 **버**려보라

버릴까 말까 망설이는 물건이 있을 때는 '임시로' 버려보는 것도 효과적
이다. 미니멀리스트들 사이에서도 자주 사용되는 기술인데, 버리려고
생각한 물건을 모아서 상자나 바구니 속에 넣어두거나 벽장 속에 감춰
두는 방법이다. 이때 중요한 점은 평소에 놓여 있는 장소와는 다른 곳
에 두어야 한다. 쓰레기봉투에 넣어서 버리기 직전의 상태를 만들어도
좋다. 쓰레기봉투에 넣는다고 해서 꼭 버려야 하는 것은 아니다.

버릴 물건의 종류에 따라 시간이 다르지만 예를 들어 일주일이나 한
달 동안 그 물건이 없어도 잘 지냈다면 필요 없는 물건임을 알 수 있다.
그사이에 필요해서 꺼내야 할 상황이 벌어졌다면 그 물건은 버리지 않
아도 된다. 제대로 사용하고 있는 물건은 버릴 필요가 없다.

임시로 버리고, 일단 그 물건과 거리를 두어보자. 그동안은 타협해서
그냥저냥 사용하던 물건과 거리를 두고 다시금 관계를 물어보자. 물건
이지만 마치 연인을 대하듯 관계를 규정해야 버릴 물건인지 아닌지 알
수 있다.

시야에 걸리적거리는 물건은 버려라

rule 45

내가 집에 두는 물건의 색은 주로 흰색, 베이지색, 회색, 나무 색으로 눈에 편안하고 다른 물건과 조화를 이룬다. 작은 물건 하나하나에 형광색이나 여러 원색을 사용한다면 무의식중에 시선이 끌려 안정감이 없다. 표백제를 생각하면 알기 쉽다. 분홍색 뚜껑에 민트 색 몸통. 위험을 알리기 위해서지만 청소용품은 어쨌든 화려한 색상이 많다.

강렬한 독을 가진 생물은 대체로 화려해서 '가까이 오지 마, 긴장해.' 라는 메시지를 뿜어낸다. 편안함과는 정반대의 메시지다. 그런 색상의 물건은 놓아두기만 해도 자연히 시선이 가고 특별히 보지 않아도 시야에 들어와 마음 어딘가에서 의식하게 된다. 또 색상이 들어간 작은 물건은 예쁘다. 하지만 강렬한 색상의 물건은 자극이 강한 탓에 싫증 나는 속도도 빠르다. 반면 눈에 편안하고 자극이 약한 색, 소재 그대로의 색을 띤 물건은 싫증 나는 속도도 느려 오래 사용할 수 있다.

rule
46

한 가지를 사면 한 가지를 줄여라

이 역시 버리기의 왕도다. '인 아웃in-out의 법칙'이라고도 부른다. 뭔가를 사고 싶다면 우선 한 가지를 버린다. 예를 들면 옷걸이의 수를 결정하는 방법도 있다. 우선 옷걸이의 수를 정해놓는다. 그러면 새 옷을 사도 낡은 옷을 버려야 하므로 그 수 이상으로 옷이 늘어나지 않는 이치다.

물건을 줄이는 과정에서도 새로 필요한 물건은 생긴다. 물건이 너무 많은 경우에는 하나를 사면 두 개나 세 개를 줄이는 일부터 시작하는 것이 좋다. 물건이 줄어들어 안정된 후에는 한 개를 사면 한 개 줄인다는 규칙을 세우고 그 이상 물건이 늘어나지 않게 한다. 그리고 옷을 한 벌 사면 한 벌을 버리는 식으로 같은 종류의 물건 수량을 조정하는 것이 원칙이다. 단, 지우개를 하나 버렸는데 전자레인지를 한 대 사겠다는 발상은 균형이 맞지 않는다.

rule 47 매몰 비용을 기억하라

'콩코드 효과'Concord Effect라는 말이 있다. 초음속 항공기 콩코드의 개발비는 4,000억 엔까지 불어났다고 한다. 하지만 채산성이 부족해 계속 큰 적자를 냈고 최종적으로는 몇 조 엔이나 채무를 지고 말았다. 도저히 가망이 없는 사업이라는 것을 알면서도 그동안 개발에 들인 노력, 시간, 비용을 생각하면 그만둘 수 없었던 것이다. 이렇게 이미 투자해서 되돌릴 수 없는 상황을 '콩코드 효과'라고 하며 이때의 손해 비용을 '매몰 비용'Sunk Cost이라고 부른다.

이런 일은 일상에도 넘쳐난다. 나는 5,000엔으로 하이브리드 자전거를 양도받았는데, 그 일을 계기로 자전거에 푹 빠졌다. 공구 일체를 갖추었고 부품들도 사들여 결국 자전거를 산 금액보다 10배 이상의 돈을 썼다. 그동안 지불한 금액을 생각하면 1만 엔쯤 더 들어가는 건 그다지 큰 지출이 아닌 것 같다. 스마트폰 게임의 과금도 마찬가지다. 돈도 시간도 더 이상 헛되이 낭비하지 않으려면 때로는 용기 있게 포기할 줄도 알아야 한다.

잘못 샀다는 생각이 들면 버려라

가게에서 입어봤을 때는 어울리는 것 같아서 산 옷인데 몇 번 입다 보면 점점 아닌 것 같은 옷이 있다. 하지만 아직 완전히 본전을 뽑지 못했기에 버릴 수가 없다.

본전을 되찾으려고 하기 전에 왜 실패했는지 점검해보는 것이 다음 번 구입을 위해서도 좋은 방법이다. 입어보기까지 했으니 왠지 미안해서 사게 된 옷도 있고, 누군가가 입은 모습이 멋있어 보여 샀지만 자신의 체형에는 맞지 않았던 옷도 있을 것이다. 혹은 그저 가격이 싸서 산 옷도 있을 수 있다. 이처럼 옷가게에서 마음에 들지 않는 점을 이미 발견했는데도 다른 장점에 홀려 결점에는 눈을 감아버리는 경우가 있다. 나 역시 지금도 종종 실패한다.

물건을 잘못 샀다는 생각이 들 때는 바로 버리는 것이 현명하다. 그렇지 않으면 언제까지고 마음속 한구석에서 '실패'라고 생각하는 물건과 오랜 시간 부대끼게 되므로 정신건강에도 좋지 않다. 수업료라고 생각하고 실패한 이유를 마음에 새겨두는 편이 다음에 더 현명한 선택을 하는 방법이다.

rule 49

구입한 물건을 빌렸다고 생각하라

옷을 많이 사는 선배가 있다. 그는 항상 브랜드의 태그를 차곡차곡 봉투에 보관한다. 그리고 한 철 입고 나면 보관해둔 태그와 함께 옥션에 내놓는다. 그러면 좋은 가격으로 팔 수 있고 가끔은 샀을 때의 가격 이상으로 팔린 적도 있다고 한다.

그 선배의 말을 빌리자면 '옷을 가게에서 빌려 입는' 기분이라고 한다. 산 물건을 가게에서 빌려 쓰고 있다는 발상이다. 빌린 물건은 가게에 돌려주는 대신 새로운 누군가에게 빌려준다.

이 발상은 매우 재미있다. 산 물건을 빌렸다고 생각하는 것은 물론, 다시 누군가에게 빌려줄 물건이라고 생각하면 돌려줄 때를 생각해 조심스럽게 다루게 된다. 물건을 함부로 하지 않고 순환시키는 셈이다. 물건을 산 게 아니라 일시적으로 빌렸다고 생각하는 것, 이는 단지 물건을 순환시킬 뿐 아니라 겸허한 마음까지 갖게 해준다.

싸다고 사지 말고 공짜라고 받지 마라

정가 5,000엔의 물건을 2,000엔에 살 수 있다면 대부분의 사람들은 3,000엔의 이득을 얻었다고 생각한다. 그 물건을 사면 3,000엔의 현금을 얻는 것 같은 착각이다. 하지만 그 물건을 두려면 공간이 필요하고 여기에 비용이 든다. 단순히 집세를 넓이로 나눠보자. 내가 사는 집은 20제곱미터에 집세는 월 6만 7,000엔이므로 1제곱미터당 한 달에 대략 3,000엔을 지불하고 있다는 계산이 나온다. 아까 산 2,000엔짜리 물건이 만일 1제곱미터를 차지하는 의상 케이스라면? 아까 얻었다고 생각한 이득이 순식간에 상쇄되고 말았다. 싸기 때문에 산다는 발상은 이처럼 위험하다.

공짜라는 이유로 받는 것도 위험하다. 물건은 갖고 있기만 해도 신경이 쓰여서 그만큼 자신의 기억 용량을 소모하게 된다. 게다가 유지하고 관리하기 위해 시간과 에너지를 들인다. 공짜 물건은 전혀 공짜가 아니다. 물건을 소유하는 데는 돈뿐만 아니라 여러 가지 비용이 든다. 이 사실을 인지하면 이득이라는 생각만으로 물건을 늘리지 않는다.

rule 51

버릴까 말까 망설일 때 버려라

망설인다는 것은 애초에 선택지 양쪽에 똑같은 무게의 가치가 있기 때문이다. 예컨대 돈을 받는다고 할 때 100엔을 받을지, 1,000엔을 받을지 고민하는 사람은 없을 것이다.

무엇을 선택하든 장점과 단점은 있기 마련이다. 계속 비교만 하다 보면 언제까지고 행동을 취할 수 없다. 그러나 자세히 살펴보면 실제로는 100엔을 받을까, 101엔을 받을까 정도의 차이밖에 없는 문제다. 어느 쪽을 선택해도 거의 같다면 빨리 결단을 내리는 것이 좋다. 물건을 줄이고 싶다면 망설이는 시점에서 버리는 쪽을 선택하라.

내가 좋아하는 말이 있다. '절대적인 예스! 이외에는 노!' 이 말을 물건을 버리는 데 적용하면 '절대적인 노! 이외에는 예스!'라고 할 수 있다. 절대로 버리고 싶지 않은 물건 외에는 대부분 버릴 수 있다. 그리고 버려도 아쉬울 일은 없다.

진짜 필요한 물건은 반드시 돌아온다

물건을 버릴 때 자신도 모르게 '이 물건과 두 번 다시 만나지 못하는 건 아닐까?' 하는 생각이 들었는가? 이런 공포심에 사로잡히면 아무것도 버릴 수 없다. 지금은 아무리 소소한 물건도 인터넷을 이용해 충분히 손에 넣을 수 있다. 절판되어서 고서점을 찾아다니지 않는 한 찾을 수 없을 귀중한 책도 아마존 사이트를 거쳐서 고서로 다시 살 수 있다. 옥션에서 마니아층만이 좋아하는 희귀한 물건도 찾으면 살 수 있다.

버린 후 그 물건을 잊지 못해 밤에도 잠을 이루지 못하고 스트레스로 머리를 쥐어뜯는 사태까지 가는 일은 거의 없다. 그리고 만에 하나라도 되찾고 싶다면 반드시 손에 넣을 수 있다. 다시 한번 읽고 싶은 책은 읽을 수 있다. 다시 보고 싶은 물건은 누군가 반드시 갖고 있다. 밤에도 잠들지 못할 정도라면 간절히 부탁해서 만들어달라고 하라. 그렇게까지 진지하다면 손에 넣지 못할 물건은 거의 없다.

감사하는 **마음으로 버려라**

선물로 받은 물건을 버리거나, 세상을 떠난 사람의 물건을 버리거나, 다 사용하지 못해 아까운 물건을 버릴 때 잊지 말아야 할 것은 감사하는 마음이다. 누군가에게 받았지만 필요 없는 물건일 경우 특별히 의식하지는 않아도 분명 마음속 어딘가에서 싫은 느낌이 든다. 어렴풋이 싫다고 느끼면서 그래도 계속 갖고 있는 것은 상대에게도 예의가 아니며 당신의 마음도 상하게 한다.

버릴 때는 감사하는 마음으로 버려라. 물건을 만들어준 사람에게, 선물해준 사람에게 고마운 마음을 가득 담아 버린다. 싫다는 감정과 함께 계속 갖고 있기보다는 감사의 마음과 함께 처분하는 편이 훨씬 아름답다. 버릴 때 들었던 감사한 마음은 물건 자체가 없어져도 마음속에 강하게 남아 있다. 그렇게 해서 남은 물건이야말로 정말 소중한 물건일 것이다.

정말로 아까운 것은 내 마음이다

아직 사용할 수 있는 물건을 그냥 버리기는 확실히 아깝다. 사기는 했지만 아무래도 사용하지 않다 보니 버리게 된다. 이것도 아까운 일이다.

하지만 정말로 아까운 것은 물건을 계속 가지고 있음으로써 상하는 '자신의 마음'이다. 나 역시 아직 사용할 수 있는 물건을 그냥 버린다고 하면 저항이 생기기 때문에 될 수 있는 한 누군가가 사용할 수 있는 형태로 버리려고 한다. 하지만 물건이 아까워서 버리지 못하고 마음만 계속 상한다면 그것이야말로 안타깝고 아까운 일이다.

마음에 들지 않지만 선물로 받은 것이다 보니 버리기 미안한가? 아직도 사용할 수 있을 것 같은데 아깝다는 죄책감이 드는가? 하지만 그렇다고 해서 오늘도 내일도 앞으로도 계속 미안해하고 죄책감으로 갈등한다면 그것이야말로 정말 아까운 일이다.

rule 55 · 버렸기에 더욱 잊지 못한다

나는 지금까지 받은 손편지를 모두 스캔하고 버렸다. 버린 손편지 중에서 결코 잊을 수 없는 것이 있다. 바로 어머니에게 받은 쪽지다.

고등학교를 졸업한 후 고향을 떠나 대학에 진학하기 위해 도쿄에서 혼자 살기 시작했다. 처음으로 도쿄에 혼자 가던 날, 어머니는 나를 위해 하네다 공항에서 앞으로 살게 될 동네까지 찾아가는 환승 방법을 손편지로 써주었다.

'모노레일을 타고 가서 야마노테센山手線으로 갈아타고, 그다음에는 세이부신주쿠선西武新宿線으로 갈아타서…'

심한 길치에 휴대전화도 없던 나를 위해 적어준 환승 안내 쪽지. 어머니는 어떤 생각으로 나를 도쿄로 내보내신 것일까? 하지만 이 편지도 정작 갖고 있을 때는 손편지 더미에 묻혀 그 존재를 잊고 있었다. 버릴 때가 되어서야 비로소 소중하게 여겨졌다. 이미 내 수중에는 없다. 버리는 것이 잊는다는 의미는 아니다. 버렸기에 더더욱 잊을 수 없게 되었다.

더 버리고 싶은
이들을 위한
15가지 방법

적은 물건을 소중하게 의식하라

미국의 시인 앨런 긴즈버그Allen Ginsberg는 이렇게 말했다.

"좌선할 때 깔고 앉는 좌복을 머릿속에서 두 배로 의식하면 좌복을 두 배 갖고 있는 것이나 다름없다."

자신이 소유한 물건에 만족하느냐 아니냐는 물건의 개수와는 관계가 없다. 물건을 소유한다는 것은, 그 물건을 갖고 있다는 사실을 알고 강하게 의식하고 있는 것이다. 그런 식으로 뇌의 기억장치를 사용하라. 수많은 물건에 대한 조잡한 의식이 아니라 극히 적은 물건에 깊은 애정을 가지고 소중하게 의식하라. 그렇게 물건을 대하는 마음가짐이 물건을 소유하는 만족감을 두 배, 세 배로 높여준다.

어딘가 마음에 들지 않는 커피 잔을 두 개, 세 개 갖기보다는 이것밖에 없다고 생각될 정도로 마음에 드는 완벽한 잔 하나를 정성스럽게 닦으며 소중하게 다루는 편이 훨씬 만족도가 높다. 수량으로 만족하려고 하면 물건이 하나하나 늘어날수록 의식도 조잡해지고 언제까지나 만족하지 못한다. 물건이 줄었다고 해서 만족감까지 줄어드는 것은 아니다.

+rule 02 사복을 제복화하라

스티브 잡스는 항상 청바지에 검은색 터틀넥 티셔츠만 입었다. '소재의 건축가'로 불리는 세계적인 패션 디자이너 미야케 이세이みゃけいっせい 역시 늘 검은색 터틀넥에 리바이스 501 청바지를 입고 뉴발란스 스니커즈를 신고 다녔는데, 공식적인 행사나 프레젠테이션에도 이 차림으로 등장했다. 페이스북의 창시자 마크 저커버그Mark Zuckerberg는 언제나 회색 티셔츠를 입었고, 아이슈타인도 같은 디자인의 재킷밖에 입지 않았다고 한다. 그들은 매일 옷을 고르고 유행을 좇는 데 시간을 허비하지 않고 자신이 중요하다고 생각하는 일에만 집중했다.

쾌적하고 청결하게 지내는 데 옷은 그리 많이 필요하지 않다. 자신에게 가장 잘 어울리고 딱 맞는 옷, 언제나 정해져 있는 제복과 같은 사복을 입고 지내는 것도 좋다. 옷 입는 감각을 표현하는 멋이 아니라 정말로 어울리는 옷만 입는 멋도 있다.

'항상 똑같은 옷을 입는다.' 이 말은 종종 야유하는 의미로도 쓰이지만 앞으로는 말할 필요도 없이 당연한 일로 여겨질 것이다. 패션은 즐겁다. 다만 현시대는 패션을 추구하는 정도가 다소 지나치다.

+rule 03 개성을 만드는 것은 경험이다

머리카락을 초록으로 물들이고 입술에 피어싱을 한다거나 남자가 스커트를 입는다고 해서 개성적이라고 할 수는 없다. 최신 유행하는 독특한 디자인의 스마트폰 케이스를 사용한다고 해서 개성이 넘치는 것은 아니다. 내가 만난 미니멀리스트들은 단조롭다 못해 제복 같은 사복을 입은 평범한 모습이었는데도 모두 무척이나 개성이 돋보였다.

물건이 없으면 개성도 사라질 것처럼 생각되겠지만 실제로는 정반대다. 유럽의 오래된 영상들을 보면 모두 똑같은 정장에 모자를 쓰고 담배를 피우고 있다. 그들이 갖고 있는 물건들은 대부분 비슷했다. 하지만 그들에게서 탄생한 문학이나 예술은 얼마나 개성이 넘치던가? 오히려 현대보다도 개성이 두드러진다. 생각해보면 풍부한 개성을 만드는 것은 물건이 아니라 '경험'이다. 물건보다 경험을 중요하게 여기는 미니멀리스트가 개성이 넘치는 것은 아주 당연한 일일지 모른다.

다섯 번 정도 망설였다면 버려라

사람은 하루에 6만 가지 생각을 한다고 한다. 자신의 의식을 주의 깊게 돌이켜보면 정말로 다양한 생각을 하고 있음을 알 수 있다. 인터넷 서핑을 할 때도 단어를 검색하다 말고 어느새 전혀 상관없는 사이트를 클릭해 들여다보던 경험이 누구에게나 있을 것이다. 사람의 마음속을 잘 관찰해보면 이런 경향은 더욱 두드러진다. 단지 인터넷과 달리 마음속 이력은 남지 않을 뿐이다.

의식은 꼬리에 꼬리를 물고 여러 가지 생각으로 옮겨간다. 커피를 마신 컵이 책상에 있다, 마시고 난 뒤 입 언저리가 조금 신경 쓰인다, 입술을 만진다, 양치질이 하고 싶어진다, 그러고 보니 칫솔을 사야 하는구나, 양치질이라고 하면 얼마 전에 재미있는 일이 있었지…. 이렇게 스쳐가는 6만 가지의 생각을 하나하나 일일이 의식할 수는 없다.

마찬가지로 '좋았어! 버리자!'라는 진지하고 굳은 의지가 아니라도 문득 '버릴까?' 생각이 스치는 물건, 흘끗흘끗 보게 되는 물건이 있다. 그런 생각이 다섯 번 정도 들었다면 그 물건은 이제 버려도 된다. 무심코 든 다섯 번의 생각은 그 후 틀림없이 백 번, 천 번이 될 테니까 말이다.

+rule 05 정말로 필요한지 **시험 삼**아 **버려보라**

버릴까 말까 고민이 된다면 한번 시험 삼아 버려보는 것도 좋다. 나는 마지막까지 텔레비전을 버리지 못하다가 일단 시험 삼아 없애보기로 했다. 텔레비전을 보지 않으면 아무래도 업무상 지장이 있는 데다 세상 돌아가는 이야기에 어두워져서 친구들의 대화를 따라가지 못하면 어쩌나 불안했다. 더구나 요즘은 텔레비전에서 나오는 최신 유행어를 모르면 아이들에게조차 바보 취급을 당하지 않는가. 하지만 만약 그런 상황이 벌어지면 다시 가전제품 매장으로 달려가면 된다고 마음먹고 결국 텔레비전을 버렸다. 다행히도 염려하던 상황은 일어나지 않았다.

최근에 딱 한 번, 버렸다가 다시 산 물건이 있다. 오므론OMRON의 피트 마사지기 HM-231이다. 마음에 들어서 제품의 모델번호까지 기억하고 있었다. 어머니에게 선물로 사드리고 형님에게는 내 것을 드렸다. 그런데 아무래도 발바닥을 마사지할 때의 그 시원한 느낌을 잊을 수가 없었고 생산이 중단된다기에 다시 샀다. 그리고 또다시 처분해야겠다는 생각이 들어 팔았다. 세 번째 사게 된다면 그땐 계속 갖고 있을지도 모른다.

+rule 06 사소한 불편도 즐겁다

최근 수건을 버리고 모두 데누구이(일본의 전통 염색 천으로 장신구나 머리 수건, 손수건, 보자기, 장식품 등으로 쓰인다 — 옮긴이)로 바꾸었다. 데누구이는 굉장하다. 다양한 용도로 사용할 수 있고 무엇보다 수건계의 상식을 깰 정도로 빨리 마른다. 사용한 그 자리에 걸어두면 다음에 사용할 때는 이미 바싹 말라 있다. 세면대에서 손을 씻으면 데누구이로 닦고 설거지를 하고 나서도 데누구이, 샤워를 하고 나서도 데누구이로 닦는다. 나는 보통 목욕 수건이 세탁물의 3분의 2 정도를 차지했는데, 이제는 세탁물이 상당히 줄어들었다.

앞서 설명했듯이 인간은 차이를 자극으로 인식하기 때문에 언제나 사용하는 수건쯤은 당연히 있어야 하는 것으로 여기고 감사하는 마음도 잊고 있는 경우가 많다. 사실 데누구이가 피부에 닿는 감촉은 별로 좋지 않다. 하지만 인간은 편리함에 익숙해지듯이 불편함에도 곧 익숙해진다. 이제는 데누구이의 다소 불편한 점에도 익숙해진 상태에서 어쩌다 수건을 사용하게 되면 그 보송보송한 느낌에 무척이나 감격한다. 행복의 기준을 낮추는 것은 즐겁다. 그리고 수건 대신 데누구이를 한번 써볼까 시도해보는 것도 무척 즐거운 일이다.

+rule 07 마음이 설레는 물건도 버려라

미니멀리스트를 지향한다면 마음이 설레는 물건도 버려야 하는 순간이 반드시 찾아온다. 나는 크로아티아를 무척 좋아해서 그 나라에서 산 십자가 기념품은 늘 마음이 설레는 물건이었다. 짙은 붉은빛의 십자 둘레를 정성스레 수작업으로 모양을 낸 도기 십자가로 색감과 매끈매끈한 감촉은 물론 살짝 묵직한 느낌까지도 마음에 쏙 들었다. 크로아티아의 아티스트가 제작한 것 같았고, 무엇보다 흔한 기념품 가게가 아닌 이국의 길거리에서 우연히 만났다는 게 한층 더 소중하게 느껴졌다. 그 십자가는 버리는 순간까지도 마음이 설레는 물건이었다. 하지만 정말로 버리길 잘했다.

그 후로 여행을 가면 기념품을 고르는 데 시간을 빼앗기지 않게 되었다. 나도 모르게 갖고 싶어지는 기념품도 애니메이션 〈즐거운 무민 가족〉에 나오는 스너프킨(가장 독특한 캐릭터로 해마다 긍정적 에너지를 얻기 위해 혼자 여행을 떠난다―옮긴이)을 본받아 '보기만' 하기로 했다. 그러자 훨씬 더 여행에 집중할 수 있었다. 마음 설레는 물건을 과감히 버리면 더 큰 것을 얻을 수 있다.

건강할 때 인생 정리를 하라

가지고 있는 물건의 가치는 대부분 자신만이 알 수 있다. 여행길에서 산 기념품, 몇 번이나 읽은 책, 소중한 사람에게 받은 편지와 추억의 사진 등은 그 물건을 손에 넣게 된 과정이나 그것을 얻기 위해 지불한 대가, 물건에 얽힌 사연에 대한 기억이 물건의 가치를 실제 이상으로 높인다. 따라서 물건은 기억해주는 주인을 잃을 때 가치도 함께 잃는다. 아무리 비싸고 멋진 물건이라도 자기 외에는 진짜 가치를 알지 못하기 때문에 다른 사람들의 눈에는 별로 가치가 없는 잡동사니로 보이기도 한다.

상당히 많은 물건을 처분하고서 깨달았다. 이제 만에 하나 내게 무슨 일이 생겨도 남에게 폐를 끼칠 일은 별로 없다는 사실을. 심란하고 슬픈 상상이긴 하지만 그때 느낀 감정은 '자유'였다. 더욱 행동력이 좋아질 것 같아 힘이 솟았다.

물건을 줄여도 바뀌는 것은 없다

물건을 최소한으로 줄였다고 해서 몸에 갑자기 두드러기가 나거나 하룻밤 사이에 머리가 하얗게 세거나, 갑자기 어깨가 돌아가지 않거나 하는 일은 없다. 물건이 없다는 사실을 길 가던 사람에게 들켜서 비난을 듣거나 돌을 맞는 일도 절대 없다. 오히려 사람들은 당신을 아주 수수한 사람이라고 생각할 것이다.

당연한 이야기지만 물건을 갖든, 갖지 않든 당신은 아무것도 달라지지 않는다. 물건에 둘러싸여 있을 때는 소중한 물건을 버리는 행위가 마치 자신의 중요한 일부가 잘려나가는 일인 듯한 기분이 든다. 하지만 물건은 자신이 아니며, 물건을 줄였다고 해서 자신의 가치가 줄어드는 것은 아니다. 줄어들기는커녕 물건에 가로막혀 정체돼 있던 자기 자신이 생기 있게 움직이기 시작했음을 깨달을 것이다. 물건을 줄이는 일은 결코 자신을 줄이지 않는다. 오히려 성장시킨다.

+rule 10 물건의 용도를 한정하지 마라

앞서 소개한 미니멀리스트 히지가 고안해낸 소파는 접은 매트리스를 벽에 딱 붙이고 베개나 쿠션을 의자 등받이로 사용하는 것이었다. 즉, '소파 침대'가 아닌 '침대 소파'를 만들어냈다! 정확히 말하면 '매트리스 소파'지만. 마찬가지로 텔레비전이 없어도 녹화기와 헤드 마운티드 디스플레이만 있으면 얼마든지 방송을 볼 수 있다. 세탁용 액체 비누를 목욕 비누나 식기 세제로 이용하는 것 역시 같은 맥락이다.

최근 나는 무엇이든지 말린다는 곤도 마리에의 영향을 받아 스펀지 수세미를 말리기 시작했다. 싱크대 벽에 붙여서 사용하던 스펀지 받침대는 버렸다. 이는 도마나 스펀지는 베란다에 두지 않는다는 상식에서 벗어난 행동이다. 물건의 용도를 한정하거나 어떤 일에는 반드시 어떤 물건이 필요하다는 고정관념에 사로잡혀 편리함만 추구하다 보면 물건이 늘어날 수밖에 없다. 물건에 대한 상식에서 벗어나야 물건을 줄일 수 있다.

+rule 11 생각하지 말고 그냥 버려라

영화 〈용쟁호투〉에서 리 샤오룽의 대사 중에 "생각하지 마. 그냥 느껴!" 라는 유명한 말이 있다. 이 말을 미니멀리스트에게 적용하면 "생각하지 마. 그냥 버려!"가 된다.

어느 날 나는 집에 중요한 통장을 몇 개나 두는 게 싫어서 모두 문서 절단기에 넣어버렸다. 아무려면 어떻게 되겠지 하는 생각이었다. '통장을 버려도 괜찮을까요?'라고 포털 사이트에 검색해보지도 않고 처분했다. 생각을 하는 것보다 나의 직감을 중요하게 여겼던 것이다. 나중에 그 계좌를 해약했는데 큰 문제는 없었다. 은행 창구 직원이 "통, 통장을 없애셨다고요?" 하고 작은 눈을 동그랗게 떴을 뿐이다. 화재로 전부 잃어버린 사람도 있는데 뭔가를 조금 버리는 일쯤은 아무것도 아니다. 자꾸 생각할수록 뇌는 버려선 안 될 이유와 단점을 끄집어낸다. 자신의 직감을 믿는 편이 깔끔하다.

버리기 대결에 빠지지 마라

미니멀리스트는 물건이 적다는 자만심이나 물건 줄이기 대결에 빠지지 않도록 조심해야 한다. 1장에서도 언급했듯이 미니멀리스트는 자신에게 정말로 필요한 물건이 무엇인지 알고 중요한 것을 위해 줄이는 사람이다. 필요한 물건은 사람에 따라 다르다. 줄이고자 하는 내용도 다르다. 따라서 누가 물건을 더 적게 갖고 있는지 비교하거나 경쟁하는 일은 무의미하다.

많은 물건에 둘러싸여 있다고 해도 정말로 필요한 물건이 많을 뿐이며 그 많은 물건을 소유함으로써 매일 활력을 느낄 수 있다면 굳이 물건을 줄일 필요는 없다. 그런 사람을 비난할 이유는 어디에도 없다. 정말로 필요한 물건까지 무리해서 줄일 필요는 없다. 미니멀리즘은 결코 고행이 아니다. 나는 내 프로필에도 자숙하는 마음으로 '중도 미니멀리스트'라고 쓴다. '누가 물건이 더 적은가?' 같은 대결은 진정 아무런 의미가 없다.

+rule 13 버리고 싶은 병도 위험하다

물건을 줄이는 것은 자극적이다. 물건을 줄이다 보면 기분도 상쾌해지고 버릴 수 있었던 자신의 용기도 확인할 수 있다. 그래서 이런 자극에 빠지면 버리는 일이 지상 명제가 되어 일명 '버리고 싶은 병'에 걸리기도 한다. 이 병에 걸리면 물건을 많이 가지고 있는 사람을 비난하는 마음마저 생긴다.

'아직도 갖고 있어? 촌스럽게!'

하지만 이런 마음은 예전에 물건을 갖지 않은 사람에게 '아직 이런 것도 없어? 촌스럽게!' 하던 심리와 똑같다.

물건을 줄이는 일도, 갖는 일도 자극이 있고 쾌감이 있다. 따라서 갖는 일과 마찬가지로 줄이는 일에도 의존하거나 집착해서는 안 된다. 줄이고 싶은 생각이 들었을 때 '정말로 필요한 물건인가?'라고 물어보는 것처럼 '이것은 정말로 버려야 할 물건인가? 줄이려는 목적만을 위해 줄이려고 하는 건 아닐까?'라고 반드시 물어봐야 한다.

미니멀리즘은 **목적이 아닌 수단이다**

미니멀리스트가 빠지기 쉬운 위험을 몇 가지 꼽았지만 그래도 대부분의 사람들에게 미니멀리즘을 권하고 싶다. 요즘 사회는 지나치게 물질을 중시하는 경향이 있어 필요 이상으로 갖고 있는 사람이 너무 많기 때문이다.

미니멀리스트는 중요한 것을 위해 줄이는 사람이다. 따라서 줄이는 것 자체는 목적이 아니라 수단일 뿐이다. 물론 물건을 줄여 얻고자 하는 중요한 것은 사람마다 다르다.

어떻게 보면 미니멀리즘은 서장序章과도 같다. 그 후에 계속되는 이야기는 각자가 엮어나가는 것이다. 미니멀리즘을 목적이라고 착각하면 이를 달성한 후에 기다리고 있는 것은 허무함뿐이다. 물론 미니멀리즘이 목적으로 혼동될 만큼 효과가 크고 추구할 가치가 있는 수단이라는 점은 틀림없다. 중요한 것은 줄인 후에 무엇을 할 것인가다. 각자 자신만의 이야기를 그려보자.

+rule 15 자신에게 맞는 미니멀리즘을 추구하라

여행 가방 하나에 물건을 다 넣을 수 없다면 미니멀리스트가 아니라거나 침낭에서 잠을 자야만 진정한 미니멀리스트라는 식의 조건은 존재하지 않는다. 미니멀리스트가 되는 길은 정답도, 오답도 없다. 예를 들어 정말로 필요하다고 생각하는 물건만 남기고 줄였더니 부피가 큰 피아노만 남았다고 하자. 줄이고 줄인 결과 자신에게 꼭 필요하고 중요한 것, 바로 '음악'이 남은 것이다. 이렇게 정말로 중요한 것을 발견하기 위해 미니멀리즘이라는 도구가 존재한다.

나와 함께 사이트를 운영하고 있는 누마하타 나오키沼畑直樹가 자동차를 산 것 역시 미니멀리즘에 부합하는 행위였다. 자동차는 평소의 인간관계를 최소화하고 홀로 있는 시간을 만들어주기 때문이다. 차 안에 아무것도 두지 않으면 '이동이 가능한 최소한의 방'으로도 사용할 수 있다. 자유롭게 생각하고 자신에게 맞게 추구하라. 미니멀리즘은 어떤 모습으로든 가능하다.

Minimalist

제4장

물건을 줄인 후 찾아온
12가지 변화

알맞은 정도라면 소유는 인간을 자유롭게 한다.
도를 넘어서면 소유가 주인이 되고
소유하는 자가 노예가 된다.

_프리드리히 니체

．
．
．

물건을 최소한으로 줄이자
12가지 큰 변화가 찾아왔다.
단순히 줄이는 것이 아니라 '최소한'으로 줄였을 때
찾아온 긍정적인 변화와 행복에 대해 이야기해보자.

01

시간이 생긴다

당신에게 주어진 시간은 한정되어 있다.
그러므로 타인의 인생을 살면서 허비할 수는 없다.
_스티브 잡스

잃어버린 시간들

2014년 12월 20일, 도쿄 역 건립 100주년을 맞이해 동일본철도JR에서 발매한 기념 교통카드 '스이카'Suica가 1만 5,000장 한정으로 판매되었다. 이날 있었던 대혼란은 큰 뉴스거리가 되었다. 9,000명이 넘는 인파가 한정판 스이카를 사기 위해 몰렸고 급기야는 판매가 중지되는 사태까지 벌어졌다. 판매가 중지되자 성난 사람들이 고함을 질러대는 모습이 텔레비전 뉴스를 통해 흘러나왔다. 그중에는 다음 해 봄에 중학교에 입학할 예정인 어린 소년도 있었다. 추운 날 몇 시간이나 기다려야 했던 사람들에게는 정말 안된 일이다.

하지만 이 교통카드의 기능은 일반 카드와 똑같다. 교통비가 5퍼센트

할인된다거나 파손되지 않는 특수한 재질을 사용한 것도 아니다. 체코 화가 알폰스 무하Alfons Mucha 풍의 디자인은 물론 아름답다. 하지만 그렇다고 해서 이 카드를 사기 위해 그렇게 줄을 설 필요가 있었을까? 사람들에게 이 한정판 교통카드는 정말로 필요한 것이 아니라 단지 갖고 싶은 물건이었던 게 아닐까?

어차피 카드의 기능은 다를 게 없으니 기념 교통카드를 한정으로 팔든, 판매가 중지되든 거들떠보지 않았다면 여기서 생기는 시간은 상상 이상으로 많다.

① 도쿄 역까지 오고 간 이동 시간

② 줄을 서서 기다린 시간

③ 흥분해서 역 직원에게 항의한 시간

④ 치밀어 오른 화를 가라앉히는 시간

⑤ 회사 측의 대응을 알아보는 시간, 다시 구입 신청하는 시간

인생은 짧다. 물건 때문에 낭비한 시간이 아까울 따름이다.

미디어와 광고에 현혹되는 시간

집에서 텔레비전을 보고 있어도, 집에서 한 발짝 밖으로 나가도 우리는 늘 많은 미디어와 광고를 통해 강박적일 정도로 많은 메시지를 접한다. 최대한 돈을 벌어 저축하자, 더 아름답고 날씬해지자, 좋은 학교에

들어가자, 쾌적한 집에서 살자, 건강하자, 경쟁에서 이기자, 더 멋있는 차림으로 다니자, 성장하고 발전하자, 한층 더 지식을 쌓자, 언젠가 닥쳐올 위험에 대비하자 등. 미국의 영화감독이자 각본가인 톰 새디악Tom Shadyac은 이런 상황에 대해 다음과 같이 경각심을 일깨우는 한마디를 던졌다.

당신은 지금 뭔가 부족하다고 느끼기 때문에 광고에 현혹되고 있다. 그런 당신을 버려라.

미니멀리즘을 의식하면 온갖 미디어와 광고에 현혹되는 시간이 줄어든다. 필요한 물건을 모두 갖고 있다고 자각하기 때문이다. 필요한 모든 것을 갖고 있다고 생각하면 대부분의 메시지는 무시할 수 있다. 반대로, 자신에게 뭔가 부족하다고 생각하면 모든 메시지가 자신을 향해 날아오는 것처럼 느껴진다. 그 메시지에 하나하나 마주하자면 시간은 부족할 수밖에 없다. 미니멀리즘의 한 가지 귀결은 '당신에게 부족한 물건이란 없다!'라고 할 수 있다. 부족하다고 생각하는 물건 때문에 마음이 흐트러지는 시간, 이 시간도 줄여야 한다.

쇼핑하는 시간

미니멀리스트는 애초에 물건을 별로 사지 않기 때문에 쇼핑 시간이 줄어든다. 물론 새로 물건을 살 일은 있지만 그 시간도 줄어든다. 예전에 나는 가전제품을 무척 좋아했다. 새로 전자레인지라도 살라치면 각 회사의 모델 사양을 비교하고 가격 비교 사이트에 들어가서 제품 후기를 전부 읽었다. 그런 다음 종합적으로 판단해서 고온의 수증기로 스팀 조리가 가능한 모델을 산다. 같은 가격대의 다른 모델에는 없는 기능이다. 하하하, 아무리 봐도 잘했다는 생각이 든다. 그렇게 나의 선택에 흡족해하며 기쁨에 잠기지만 그 후 스팀 조리 기능을 이용해 요리한 적은 한 번도 없다.

도쿄의 화려한 거리에 나가면 셔츠 한 장을 고르는 데만도 하루가 다 간다. 고를 수 있다면 그나마 괜찮다. 이 가게, 저 가게를 다 돌면서 모두 입어보고도 결정하지 못해 처음에 갔던 가게를 다시 찾아간다. 하지만 결국 아무것도 사지 못하고 그냥 빈손으로 돌아온다. 피로에 지치려고 아침부터 집을 나섰던 것일까?

애플의 전 광고제작 감독이었던 켄 시걸Ken Segall은 그의 저서 《미친듯이 심플》Insanely Simple에서 애플의 성공 요인은 라인업 상품이 적은 데서도 기인한다고 밝혔다. 애플워치가 실패한다면 기능 탓이 아니라 다양한 선택지, 즉 라인업이 너무 많기 때문일 것이다.

'잼의 법칙'이라는 유명한 법칙이 있다. 요약해서 말하면, 24종류의 잼을 진열한 가게보다 6종류의 잼을 진열한 가게가 더 많은 잼을 팔았다는 실험에서 나온 법칙이다. 선택지가 너무 많으면 고르기가 더 힘들어진다. 또한 선택의 폭이 넓을수록 사람들은 선택하지 않은 쪽이 더 좋았을지 모른다는 생각에 구입한 뒤에도 만족도가 떨어지는 것으로 드러났다.

　미니멀리즘을 실현해나가면 물건을 선택하는 기준이 점점 확실해진다. 새로운 물건을 살 때도 망설이는 시간이 줄어든다. 내가 물건을 선택하는 기준은 일단 디자인이 단순하고 표면적이 작아 청소하기 쉬운 것이다. 그리고 여러 색이 섞여 있지 않은 것, 오래 사용할 수 있는 것, 구조가 간단한 것, 작고 가벼운 것, 하나에 여러 가지 기능이 들어 있는 것이다.

　내가 자전거를 새로 사려고 마음먹었을 때 선택지는 명확했다. 최대한 단순하고 실용적인 자전거 한 대였다. 기어는 물론 한 개만 있고 색은 오래 사용한 듯한 실버 로피니시로 처음부터 녹슬어 있는 듯한 색이다. 프레임 형태는 변함없이 질리지 않는 수평형으로 선택했다. 프레임에 쓸데없는 브랜드명은 필요 없다. 이런 조건을 만족하는 자전거는 모든 자전거 중에 Focale44라는 브랜드에서밖에 팔지 않았기에 선택하는 데 망설인 시간도 없었다. 또한 구입하고 나서 다른 자전거와 비교한 적도 없다.

　마음에 든 같은 물건을 계속 사거나 수리해서 오래 사용하면 새로운 선택에 허비하는 시간이 없다. 현재 갖고 있는 물건에 충분히 만족해서 새로운 물건에 눈을 돌릴 일도 없다. 꼭 물건이 아니더라도 어떤 일을 할 때 선택의 폭을 좁히는 것은 결단을 빠르게 하고 쓸데없이 낭비하는 시간을 줄여준다.

가사 시간

미니멀리즘을 실천하고부터 집안일에 쏟는 시간이 굉장히 많이 줄었다. 나중에 상세하게 설명하겠지만 방에 되도록 물건을 두지 않고 최소한으로 줄여 생활하면 청소하는 데 걸리는 시간이 급격히 줄어든다. 옷을 줄이면 세탁 시간이 절약되고 오늘 무엇을 입을지 고르는 시간도 줄어든다.

예전에 더러운 방에서 살았을 때는 햇빛이 싫었다. 밝은 빛에 방 안 가득 드러나는 먼지가 싫었다. 항상 덧문을 닫아 햇빛을 차단했고 밤늦게까지 잠들지 못했다. 하지만 지금은 쏟아지는 아침 햇빛을 받으며 일어난다. 눈을 뜨면 항상 방이 깨끗해서 일어나는 일조차 즐겁다. 자연히 예전보다 일찍 일어난다. 일찍 일어나 맞이하는 아침 시간도 내게는 무척 소중하다.

이사하는 시간

봄에 이사를 했다. 미리 짐을 싸지도 않았고 평소 생활하던 그대로의 상태에서 이삿짐을 모두 내놓기까지 30분밖에 걸리지 않았다. 조명을 떼어내고 세탁기를 들어내는 시간까지 합쳐서 30분으로 충분했다. 입을 옷을 고르느라 고민하는 사람은 보통 외출 준비에만 30분 정도 걸릴 것이다. 하지만 나는 이사하는 데 30분이 걸렸다. 평소 외출하는 것 같은 가벼운 마음으로 이사할 수 있었다.

빈둥거리는 시간

집 안이 간소하고 깨끗하면 빈둥거리는 시간도 줄어든다. 예전에는 휴일에도 곧잘 침대에 누워 저녁까지 뒹굴뒹굴하곤 했다.

'어제 쌓아놓은 설거지를 해야 하는데! 청소기도 돌려야 하고…. 이 시트는 언제 빨았더라? 그래, 하자. 어떤 일부터 하는 게 가장 효율적일까? 세탁기를 돌리는 동안에 청소랑 설거지를 하는 거야. 아냐, 지금 입고 있는 옷도 빨아야 하니까 일단 청소하고 나서 빨래를 하는 게 낫겠어. 에이, 왠지 귀찮은 걸. 일단 텔레비전부터 켜자.'

늘 이렇게 끝없이 되풀이되었다. 하지만 물건이 적으면 매일 해야 할 일도 적다. 눈앞에 보이는 자잘한 일거리를 잇달아 해치우기 때문에 쌓이질 않는다. 어떤 일이든 빠릿빠릿하게 움직여 처리할 수 있다.

물건을 찾는 시간

나는 갖고 있는 물건을 모두 파악하고 있으며 물건을 두는 장소도 항상 정해져 있기 때문에 집에서 물건을 찾느라 시간을 허비하는 일이 없다. 갖고 있는 물건을 정확히 파악하고 있으면 어디에 있는지는 물론 그 물건이 있는지 없는지도 금방 알 수 있다. '가만 있자, 포장 테이프가 어디에 있었더라?'라고 생각할 필요도 없다. 포장 테이프를 사놓지 않았다는 사실도 금세 떠오른다. 어떤 물건의 설명서나 보증서, 중요해 보이는 서류도 모두 스캔하고 버린다. 그 물건이 없다는 것을 알고 있으면 얼마든지 대응할 수 있다.

물건이 적으면 잃어버리는 물건도 적다. 미니멀리스트는 외출할 때 몸에 지니고 나갈 물건도 적기 때문에 잃어버리면 안 되는 물건 자체가 줄어든다. 당연히 잃어버린 물건을 되찾으러 가는 시간도 줄어든다.

행복을 뒷받침하는 시간의 여유

역 앞에서 전철 시각에 늦지 않으려고 급히 뛰어가다 다른 사람과 부딪힐 뻔하는 사람들을 자주 보곤 한다. 그때마다 느끼는 것은 그곳의 어떤 사람도 행복해 보이지 않는다는 점이다. 뭔가에 쫓겨 필사적일 때 웃는 사람은 없다. 반면 골든위크(4월 말에서 5월 초까지 약 일주일간의 황금 연휴—옮긴이) 기간에 길을 오가는 사람을 보면 평소보다 꽤 행복해 보인다.

미국의 심리학자 팀 캐서Tim Kasser는 '시간의 여유'는 행복으로 직결되는 반면 '물질의 풍요'는 그렇지 않다고 주장했다. 주변을 돌아보면 일을 척척 해내면서 많은 돈을 벌어도 언제나 뭔가에 쫓기듯 스트레스를 안고 사는 사람이 있을 것이다. 평소에는 아무리 느낌이 좋은 사람이라도 바빠서 여유가 없으면 그 사람의 나쁜 면이 부각되기 마련이다. 반대로, 상사가 부하직원을 걱정해서 말을 건넬 때는 언제나 일이 일단락된 후 집에 돌아갈 때다.

물건을 줄이면 시간이 정말로 많아진다. 물건을 사는 시간도, 물건을 찾는 시간도 줄어들기 때문이다. 집안일에 들이는 시간도, 이사하는 데 걸리는 시간도, 빈둥거리는 시간도 줄어든다.

멍하니 쉬는 시간, 디폴트 모드 네트워크

최근 뇌과학 연구에 따르면 아무것도 하지 않고 멍하니 있을 때만 작동하는 뇌 활동인 '디폴트 모드 네트워크'Default Mode Network가 존재한다고 한다. 생각을 하거나 뭔가 작업을 하고 있을 때는 작동하지 않고 멍하니 있을 때만 활동하는 뇌의 영역이 있다는 것이다.

이 활동은 자기인식, 소재 의식(자신이 시간적, 공간적, 사회적으로 어떤 위치에 있는지 의식하는 것—옮긴이) 그리고 기억을 위해 사용된다고 한다. 쉽게 말하면 자신에 대해 객관적으로 생각할 수 있는 기능이다. 아무것도 하지 않고 느긋하게 늘어져 있는 시간은 그저 헛된 시간이 아니라 자신을 새롭게 돌아보는 귀중한 시간이다. 해변에 앉아 파도 소리를 들으며 하염없이 모닥불을 바라보는 시간, 그런 시간이 우리에겐 필요하다.

느긋하게 보내는 시간은 누구에게나 꼭 필요하다는 사실이 과학적으로 증명되었다. 시간은 부자에게도, 가난한 자에게도 하루 24시간 공평하게 주어진다. 따라서 시간을 느긋하게 사용하는 일은 '궁극의 사치'이기도 하다.

지금 당장 행복을 느껴라

느긋하게 시간의 여유를 느끼는 것은 행복에 꼭 필요한 조건이다. 하지만 그 때문에 일부러 남쪽 나라에 가서 비치파라솔 아래 누워 있어야 하는 것은 아니다. 사람의 감정에는 한계가 있다. 가까운 찻집에서 잠시 한숨 돌리는 시간, 컴퓨터 자판을 두드리던 손을 멈추고 심호흡을 하는 순간의 여유롭고 느긋한 감정은 해변의 비치파라솔에서 느끼는 감정과 별반 다르지 않다.

감정에는 한계가 있기 때문에 해변에서 일광욕을 즐기는 게 두 배 더 행복한 것은 아니다. 행복은 일상의 어느 곳에서나 우리를 기다리고 있다. 미국의 심리학자이자 행동경제학자인 대니얼 카너먼Daniel Kahneman은 엄마들의 행동을 기록한 실험을 통해, 사람이 지나치게 바쁘면 인생의 큰 기쁨이어야 할 육아조차 즐길 수 없다고 밝혔다. 시간의 여유는 행복을 느끼기 위한 중요한 토대다.

소중한 시간을 낭비하지 마라

지나치게 바쁘면 아무리 멋진 일도 즐길 수 없다. 너무 바쁘면 사랑하는 연인과 함께 있어도 안절부절못한다. 루브르 박물관을 15분 만에 본다면 운동은 될지 몰라도 작품을 제대로 즐길 수 없다.

물건을 최소한으로 줄이면 확실히 시간이 늘어난다. 물건에 빼앗기던 시간을 되찾을 수 있다. 행복을 밑에서 받쳐주는 것은 '시간의 여유'다. 이렇게 중요한 시간, 누구에게나 하루 24시간 평등하게 주어지는 시간을 우리는 물건 때문에 낭비하고 있다. 이것이야말로 진정 아까운 일이 아닐 수 없다.

02

생활이 즐거워진다

나는 생활 자체가 즐거워 언제나 새로운 느낌으로 가득 차 있다.
그것은 다양한 상황으로 이어져 결코 끝나지 않는 드라마다.
_헨리 데이비드 소로

매일 나 자신을 청소하다

청소는 싫어해도 청소의 결과를 싫어하는 사람은 없다. 청소하는 게 좀 귀찮긴 해도 열심히 청소해서 깨끗해진 방을 보고 '칫!' 하며 혀를 차는 사람은 없다. 깔끔하게 정돈된 방은 누구나 좋아한다.

물건에 둘러싸여 지내던 때, 나는 청소하기가 너무 싫었다. 설거지 역시 무척 하기 싫었다. 청소를 하고 또 해도 먼지는 어느 틈에 쌓이고 방은 어질러졌다. 식사를 할 때마다 쏟아져 나오는 엄청난 설거지거리란! 그릇이 잔뜩 쌓인 설거지통을 보면서 '부탁해, 내일의 나!' 하고는 그대로 자버리기 일쑤였다.

아무리 반복해도 끝나지 않는, 별로 중요한 것 같지도 않은 집안일이 싫었다. 그래서 늘 내 방은 놀라울 정도로 지저분했다. 한때는 마루가 책으로 완전히 뒤덮여서 '이제 청소를 하지 않아도 되겠어.' 하며 모른 척 내버려둔 적도 있었다.

전에 살던 집 근처에 은행나무가 있었다. 낙엽이 많이 떨어지는 가을 이면 이웃 아주머니가 매일 아침 빗자루로 나뭇잎을 쓸었다. 당시는 그 의미를 알지 못하고 이렇게 생각할 뿐이었다.

'대단하시네. 그런 귀찮은 일을 매일 하시다니. 낙엽은 어차피 매일 떨어질 텐데 이틀 동안 모았다가 한꺼번에 쓸면 더 좋지 않을까? 일주 일에 한 번 하면 안 되나?'

이제야 그 아주머니의 마음을 알 것 같다. 아주머니가 매일 쓸었던 것은 떨어진 낙엽이 아니라 낙엽 쓰는 걸 귀찮다고 생각한 자기 자신이 었던 것이다.

귀찮아하는 성격은 없다

나는 내가 게으르고 의지가 약한 사람이라고 생각했다. 매사를 귀찮 아하는 성격이라고 여겼다. 남자인데 자잘한 집안일쯤이야 잘하지 못 해도 이상할 건 없었다. 그러던 게 지금은 완전히 생각이 바뀌었다. 매 일 아침 나는 집을 나서기 전에 청소기를 돌린다. 욕실은 샤워를 할 때 마다 간단히 청소하기 때문에 언제나 반들반들하다. 식사를 마친 후에 는 바로 설거지를 한다. 세탁물이 쌓이기 전에 세탁기를 돌리고 건조시 키는 동안에는 옆방의 베란다까지 깨끗이 걸레질을 한다.

나는 귀찮아하는 성격이 아니었던 것일까? 바뀐 것은 내 성격이 아니다. 단지 물건 수가 줄었을 뿐이고 물건 수가 줄어들자 집안일이 쉬워진 것이다.

청소는 의지가 아니라 습관이다

아리스토텔레스는 이렇게 말했다.

"우리의 모습은 반복해서 행동한 일의 결과물이다. 그러므로 모든 위업은 행위가 아닌 습관에 의해 완수할 수 있다."

청소를 열심히 하고 방을 깨끗하게 유지하는 데 필요한 것은 매번 번거로운 청소를 해내는 강인한 의지가 아니다. '좋았어, 하자!'라고 다짐하는 의지의 힘으로는 아무것도 계속하지 못한다. 의지가 아니라 단순히 습관으로 만들면 될 뿐이다. 특별히 다짐하는 의식조차 없이 자동적으로 움직이게 만드는 것은 습관이다.

습관 들이기와 보상

습관을 들이는 데는 보상이 필요하다. 여기서 말하는 보상은 작은 성공에 대한 성취감이다. 청소를 하면 깨끗해진 방에서 해방감이라는 보상을 얻게 된다. 여기에 더해 행동을 방해하는 핑계나 달콤한 유혹을 물리쳤다는 만족감, 즉 스스로 이겨냈고 자신을 조절할 수 있었다는 만족감이라는 보상이 있다.

사람은 자신이 한 일에서 보상받기를 바란다. 물건을 줄이면 청소하기도 간편해지고 시간도 얼마 걸리지 않아서 해방감과 만족감을 얻을 수 있다. 그러다 보면 어느덧 청소는 좋아하는 일이 되고 습관으로 몸에 밴다. 다른 모든 집안일도 마찬가지다.

청소를 습관 들이고 싶으면 청소의 목표 기준을 낮추고 우선은 간편한 방법으로 하는 것이 좋다. 물건을 줄여 청소가 편해지도록 하자.

물건을 줄이면 청소가 편하다

지저분한 방에서 살던 시절 나는 한 달에 한 번 청소기를 돌리면 그나마 다행이었다. 상당히 많은 물건을 줄인 후에도 주말에 몰아서 한 번 청소를 하는 정도였다. 지금은 매일 아침 청소기를 돌린다. 내가 달라진 것이 아니다. 물건이 줄자 청소하기가 수월해져서 이제는 습관이 되었을 뿐이다.

물건을 줄이면 청소하기가 정말 편해진다. 가령 목조 올빼미 장식품을 가지고 있다면 그 장식품이 놓인 마루를 닦는 데 필요한 순서는 이렇다.

① 올빼미 장식품을 다른 쪽으로 치운다.
② 치운 자리를 걸레로 닦는다.
③ 올빼미 장식품을 원래의 자리로 되돌려놓는다.

만일 장식품이 없었다면 작업은 이럴 것이다.

① 닦는다.

절차는 3분의 1로 줄어들어 단 한 차례 닦는 것으로 끝난다. 걸린 시간도 3분의 1이 채 못 될 것이다. 게다가 장식품을 닦는 복잡한 과정도 필요 없다. 만일 이런 장식품을 3~4개, 아니 10~20개 갖고 있다면 어떻겠는가?

청소가 저절로 되는 물건의 귀소본능

나는 물건이 아무것도 없는 공간이 얼마나 마음을 편안하게 해주는지 잘 알고 있기 때문에 물건이 밖으로 나와 있으면 곧바로 치운다. 드라이기를 사용하면 바로 원래 자리에 넣었다가 사용할 때 다시 꺼내는 식이다. 예전에는 유루리 마이의 책에서 텔레비전 리모컨을 사용할 때만 내놓는다는 이야기를 읽고는 '믿을 수 없어! 왜 그런 귀찮은 일을 하는 거지?'라고 생각했다. 하지만 지금은 나도 그렇게 하고 있다. 전혀 귀찮지 않다. 습관을 들이면 물건을 꺼내고 넣는 일은 이미 별개의 작업이 아니다. '꺼낸다→넣는다'가 한 동작이다.

처음 자전거를 타기 시작할 때는 누구나 의식해서 자전거를 탄다. 그러다 어느 날 별로 의식하지 않고서도 자전거에 올라타게 된다. 그와 마찬가지로 이제는 정리하고 있다는 의식조차 없다. 물건이 알아서 자신의 보금자리로 돌아가는 듯, 정리 정돈을 일부러 하는 게 아니라 물건의 귀소본능에 맡긴다.

집의 크기와 행복의 상관관계

나는 올해 봄에 25제곱미터 집에서 20제곱미터 집으로 이사했다. 즉, 5제곱미터만큼 청소할 공간이 줄었다. 청소는 훨씬 더 간편해지고 빨라졌다.

가능한 한 작은 집에 살고 싶다. 지금의 집도 사실 내게는 약간 넓다. 간편한 청소는 즐겁고 기분이 좋다. 이런 즐거운 일을 로봇청소기나 누군가에게 맡기려는 생각은 이제 평생 하지 않을 것 같다. 청소 당번은 돈으로 해결할 일이 아니다.

청소는 자신을 마주하는 일

'청소는 자신을 갈고닦는 일'이라는 말을 자주 듣는데 이는 금언이나 다름없다. 방에 쌓여 있는 것은 먼지와 더러움이 아니다. 먼지나 더러움을 방치한 과거의 자신이 쌓여 있는 것이다. 해야 할 때 하지 않았던 자신이 퇴적되어 있다. 먼지나 더러움은 싫지만 무엇보다 싫은 것은 그것을 방치한 과거의 자신과 마주하는 일이다. 이건 정말 고역이다. 하지만 물건을 줄여 청소가 간편해지면 누구든지 청소하는 것을 습관으로 만들 수 있다. 또한 해야 할 일을 실행한 자신과 매일 마주하게 되므로 자신감이 솟구친다.

그때그때 하지 않으면 도망치게 된다

아무것도 없는 방을 청소하는 일은 마치 롤플레잉 게임 〈드래곤 퀘스트〉에 등장하는 가공의 괴물 '슬라임'을 매일 뿅망치로 물리치는 것과 같다. 간단하고 귀찮지도 않으며 조금은 즐겁기까지 하다. 기분이 좋다는 경험치와 보상도 확실히 얻을 수 있다.

하지만 괴물을 바로 퇴치하지 않고 방치하면 어느새 흐물흐물한 거품 괴물로 변하거나 괴물끼리 합체해서 대왕 괴물로 변신하기 때문에 청소하기가 훨씬 힘들어진다. 그러면 더 이상 뿅망치로 감당할 수 없어 주인공의 강력한 무기인 '로토의 검'이 필요해진다. 고투 끝에 쓰러뜨려도 여기서 얻는 경험치는 매일 괴물을 물리치던 때와 똑같다. 청소하기 귀찮다고 생각하면 결국에는 대왕 괴물과 싸우게 된다. 이는 더욱 귀찮다. 싸우기보다는 도망치고 싶어질 것이다.

물건을 줄이기만 해도 자신감이 생긴다

적당히 대충 하는 성격 탓인지, 귀찮아하는 성격 탓인지 몰라도 간혹 "나는 그런 하찮은 일은 하지 않는 남자야!"라고 말하는 사람도 있다. 하지만 그렇지 않다. 가사는 근사한 일이다.

성격이 아니라 환경을 바꿔라. 집 안을 물건이 적은 환경으로 바꾸면 가사는 물론 생활의 모든 면이 간소하고 편해진다. 간소하고 편한 만큼 시간이 지날수록 할 수 있다는 자신감이 솟아오른다. 번거롭고 하기 싫다고 느끼는 자신을 뿌리치고 당당히 자신을 제어할 수 있다는 자신감이다.

아침 일찍 일어나 출근하기 전에 느긋하게 아침 식사를 하고 청소와 세탁을 말끔히 끝내고 나서 출근하는 것과 빠듯하게 일어나 허둥대며 집을 나서는 것은 직장에서 일할 때의 의욕에도 상반된 영향을 미친다. 규칙적으로 생활하기만 해도 자신감을 갖게 되고 자신을 좋아하게 된다. 자신을 좋아하게 되면 다른 일에도 도전하기 쉽다. 어떤 생활을 하느냐에 따라 사람은 달라진다.

'어떤 사람'이 되어야 한다는 강박관념에서 탈출하라

아마도 이 시대의 젊은이들은 "당신은 둘도 없는 소중한 존재입니다." "자신의 개성을 살리세요." "뭔가를 꼭 이뤄내세요."라는 메시지를 매일 듣고 있을 것이다. 어떠어떠한 사람이 되어야 한다! 이것은 강박관념이다. 나 또한 그렇게 생각해왔고 훌륭한 사람이 되지 못할 것 같아 초조해하기도 했다.

내가 물건을 버리고 알게 된 것은 반드시 뭔가를 이루거나 훌륭한 사람이 될 필요는 없다는 사실이다. 평소에 해야 할 일들을 완수하고 하루하루 성실하게 생활하는 것만으로도 자신을 좋아하게 되고 기쁨을 느낄 수 있다.

물건이 없어 너무나도 수월해진 집안일을 끝내고 느긋하게 동네 산책에 나서면 더 이상 바랄 게 없다는 생각이 든다. 한가로운 공원 연못에서 제 몸을 깨끗이 다듬고 있는 오리를 바라본다. 오리는 단지 털을 다듬고 있을 뿐, 뭔가가 되려고 어깨에 힘을 넣지 않는다. 오리는 경력을 쌓으려고 아등바등하거나 다른 오리에게 잘 보이려고 알랑거리지 않는다. 그저 헤엄을 치고 털을 다듬으며 생활하고 있을 뿐이다. 그걸로 충분하다.

물건을 줄인 나는 평범한 생활을 할 뿐인데도 상당히 충실한 기분이 들고 만족스럽다. 단지 살아가는 것만으로 즐겁다.

03

자유와 해방감을 느낀다

모든 것을 잃고 나서야 비로소
하고 싶은 일을 할 자유를 얻었다.
_영화 〈파이트 클럽〉 중에서

이사가 어려운 이유

새가 어디든지 자유롭게, 하늘 높이 날아갈 수 있는 것은 새의 둥지가 간소하고 아무것도 모아두지 않았기 때문이 아닐까?

예전에 나는 자유로운 새와 정반대였다. 혼자 사는데도 부엌에는 커다란 식기수납장이 있었고 한때는 앤티크 카메라의 암실까지 있었다. 거실 복도에는 거대한 책장에 책을 산더미처럼 쌓아두었다. 이사해서 책이 더 늘어나도 충분히 수납할 수 있는 책장이 필요하다고 생각해서였다. 또 무척 큰 텔레비전과 홈시어터를 설치할 방을 갖고 싶었다. 가끔 이사하려고 검색해보기도 했지만 내가 원하는 조건과 집세가 딱 맞는 집을 찾기가 어려웠다. 무엇보다 그렇게 큰 물건을 포장하고 또다시 배치하는 작업은 꽤나 성가신 일이었다.

그 후 10년 만에 나카메구로에서 후도마에로 이사하게 되었다. 비교적 이동 거리가 가깝기도 했지만 물건을 이미 많이 줄인 터라 이삿짐을 포장(골판지는 한 개도 사용하지 않았다)하는 시간, 이동 시간, 짐을 푸는 시간까지 전부 다해서 한 시간 반밖에 걸리지 않았다.

언제든지 이동할 수 있는 자유를 얻다

만일 또 이사를 하게 된다면 더 좁은 방으로 옮기고 싶다. 지금 사는 방도 내게는 넓다. 수필가 도미니크 로로Dominique Loreau(프랑스 출신으로 뉴욕에서 이미지 컨설팅을 배우고 미국, 캐나다, 남미, 아시아, 유럽을 여행하면서 자유와 아름다움을 추구하며 살고 있다—옮긴이)가 사는 12제곱미터의 방이 참 멋져 보인다.

어느새 나는 좁은 방이 편안해졌는데, 방이 좁아지면 고맙게도 집세마저 내려간다. '이 가구를 놓으려면 공간이 이만큼 필요하겠는걸.' '거실에는 다다미 몇 장이 필요할까?' 이런 복잡하고 까다로운 조건으로부터 자유로워졌다. 이사에 걸리는 시간도 얼마 들지 않는다. 이제 나는 마음만 먹으면 언제든지 가볍게 이사할 수 있다. 물건을 버리고 나서 얻은 자유다.

주거 방식의 새로운 모색

직접 지은 작은 집에서 살기(10만 엔으로 집을 지은 다카무라 도모야高村友也

의 《B라이프》ᴮ라이프), 사카구치 교헤이坂口恭平가 주도한 바퀴 달린 집 《모바일 하우스》モバイルハウス, '미래 주거 방식 회의' 사이트 등에서 소개된 스몰 하우스 운동 등이 최근 주목받고 있다. 사람이 사는 공간에 예전처럼 35년 분할 대출금을 지불하는 것이 아니라 다양한 방향에서 새로운 모색이 제시되고 있다.

2040년이 되면 일본 내 빈집의 비율은 40퍼센트에 이를 것으로 추정된다. 그리고 지진 예측을 보면 빠르든 늦든 일본에는 정기적으로 지진이 닥친다고 한다. 한곳에 고정된 큰 집에서 사는 위험은 매년 높아지고 있다. 사는 공간에 변화를 추구하는 사람들이 새로이 시도하는 집을 보면 모두 많은 물건을 놓을 수 있는 큰 집이 아니다.

물건이 적은 미니멀리스트라면 어떤 주거 방식이든 선택하기 쉽다. 요즘 내가 가장 흥미를 느끼는 것은 새로운 문화가 아니라 새로운 주거 방식, 삶의 방식이다. 이 흐름은 앞으로 더 가속화될 것이다.

미니멈 라이프 비용

'미니멈 라이프Minimum Life 비용'이라는 말이 있다. 간단히 말해서 자신이 살아가는 데 최소한으로 필요한 돈이다. 집세, 식비, 광열비, 통신비등 생활하는 데 반드시 필요한 비용을 파악해두는 것은 꼭 한번 해볼만한 일이다.

나는 도쿄 후도마에에 살고 있으며 집세는 한 달에 6만 7,000엔이다. 아이폰은 손에서 뗄 수 없다. 식사를 모두 직접 준비하고 도시락을 싸서 다니면 한 달에 10만 엔만 있어도 즐겁게 살 수 있다. 도서관에서 책을 읽거나 공원을 산책하는 것만으로도 이미 충분히 즐겁다.

10만 엔만 벌면 된다는 생각이 주는 자유

미니멀리즘을 실천하면 정말로 자신을 타인과 비교하지 않게 된다. '나는 이런 일을 할 사람이 아니야!' '저 잡지에 나오는 것처럼 살고 싶어.' '남에게 가난해 보이고 싶지 않아.' 이런 쓸데없는 생각에서 벗어날 수 있으면 월 10만 엔 버는 직업은 많이 있다.

나는 이미 노후에 대한 불안도, 두려움도 없다. 노후에도 월 10만 엔씩 버는 일을 하면 될 뿐이라고 낙관적으로 생각하고 있다. 인터넷만 연결되어 있으면 할 수 있는 일도 많기 때문에 미니멈 라이프 비용이 더 낮은 해외에서 사는 것도 나쁘지 않다.

원하는 생활수준을 유지하기 위해 이상한 직장에서 힘들게 일하며 살거나 자살로 내몰릴 정도까지 일을 한다면 이는 본말이 전도된 것이다. 물건을 줄이고 미니멈 라이프 비용을 낮추면 어디든지 옮겨가 살 수 있다. 미니멀리즘은 일하는 방식도 자유롭게 선택하게 한다.

나 자신으로부터의 자유

예전에 나는 갖고 있던 책과 DVD, CD를 나 자신으로 여겼다. 아마도 나처럼 갖고 있는 물건을 자신의 일부로 생각하는 사람이 많을 것이다. 사람은 좋아하는 물건을 좀처럼 버리지 못한다. 그렇게 소중한 물건을 버리는 건 자신의 일부를 떼어내는 것처럼 느껴지기 때문이다. 그 심정은 잘 안다. 하지만 나는 내 일부라고 생각하던 책과 DVD, CD를 처분하면서 비할 데 없는 해방감을 얻었다.

나는 영화를 무척이나 좋아해서 일주일에 대여섯 편씩 보곤 했다. 영화광이라고 자처하면서 흥행이 잘되거나 인기 있는 영화 중 보지 않은 게 있으면 창피하게 생각했고 내가 본 영화 편수를 누군가에게 자랑하고도 싶었다.

"이거? 봤지. 저것도 봤고. 응, 저것도 보고 싶네."

지금도 영화를 좋아하지만 예전에는 단지 '영화를 좋아하는 나'에게 집착했을 뿐이라는 걸 깨달았다. 지금은 영화 편수에 얽매이지 않고 정말로 필요하거나 보고 싶은 영화만 본다. 나는 이제 영화광이 아니다. '필요한 영화를 보는 사람'이다. 사람들과 대화하다가 모르는 영화나 배우 이름이 나와도 "그게 뭔데? 알려줘."라고 바로 묻는다. 예전에는 모르는 게 있으면 부끄러웠다.

좋아하기에 자신의 일부로 여겨지는 물건. 그런 물건을 버리는 일은 자신을 속박하고 있는 자기 인식으로부터 자유로워지는 일이기도 하다. 좋아하는 영화의 컬렉션을 처분하면서 지금은 보고 싶은 영화만 보게 되었다. 이제 일주일에 대여섯 편씩 무리해서 보지 않는다. 공부하기 위해 영화를 보는 일도 없다. 그때그때 보고 싶은 영화 한 편만 본다. 더없이 즐거워졌다.

인생까지 먹어치우는 물건에 대한 욕심

미니멀리스트가 되면 세상의 많은 메시지로부터도 자유로워진다. 광고에서 온갖 아이디어로 떠들썩하게 쏟아져 나오는 말들은 이미 나와는 관계없다. 미디어에서 소개하는 부자나 유명 인사를 동경하지도 않는다. 더 이상 화려한 쇼윈도나 포인트카드, 고성능 신제품, 건설 중인 새 아파트는 나와 관계없는 일이다. 그래서 자유롭고 상쾌하게 거리를 걸을 수 있다.

앞서 설명했듯이 물건을 가지면 가질수록 물건은 늘어나지만 결코 만족하지 못한다. 더욱 물건에 집착해 끝없이 추구할 뿐이다. 마치 먹으면 먹을수록 배가 고파서 계속 먹어대는 괴물 같다. 아메리칸 인디언의 언어로 사람을 먹는다는 뜻의 '웨티코'wetiko라는 말이 있다. 필요 이상으로 욕심이 많아 사람의 인생까지도 먹어치우는 웨티코는 마음의 병으로 인식된다고 한다.

물건에 대한 욕심을 내버려두면 스스로 절제할 수 없는 괴물로 자란다. 예전의 나는 물욕덩어리로, 부족한 물건에만 눈길이 갔기에 너무 괴로웠다. 하지만 지금은 갖고 싶은 물건이 특별히 없다. 나는 필요한 물건은 모두 갖고 있고 부족한 물건은 없다. 정말 최고의 기분이다.

04

남과 비교하지 않는다

자신에게 아무것도 부족하지 않다는 것을 깨닫는 순간
세계는 당신과 하나가 된다.
_노자

가장 빨리 불행해지는 법

우리는 흔히 이웃집 정원에 있는 잔디를 보고 '파랗다'고 생각하지만, 잔디 자체는 파란색이든 초록색이든 개의치 않는다. 단지 사람이 신경을 쓸 뿐이다. 그래서 이웃에 지지 않으려고 공들여 잔디를 가꾸거나 심지어는 화학도료로 파랗게 물들이기도 한다. 그래도 만족하지 못하고 이런저런 시도를 하다가 마침내는 잔디를 망가뜨리고 원래의 자연스러운 색을 엉망으로 만들고 만다.

한순간에 불행해지는 방법이 있다. 바로 자신을 다른 사람과 비교하는 것이다. 예전에 내가 좋아하던 여자는 나를 떠나 수입이 더 많은 남자와 결혼했다. 그때 나는 그 남자와 나를 비교하며 비참한 기분에 빠

196

졌다. '역시, 내게는 그것이 부족했구나. 역시 그랬어.' 지금 돌이켜 생각해보면 내게 부족한 것은 절대 그런 것이 아니었다.

사람들은 주변에서 승승장구하는 타인을 보며 스스로를 어리석고 무능하다고 생각한다. SNS만 들여다봐도 남들은 다 행복해 보이는 삶을 살고 있는 것 같다. 길에서 친구와 즐겁게 이야기하며 가는 사람만 봐도 나만 혼자인 것 같다. 그렇게 모든 것을 남과 비교하며 비참한 기분을 느낀다.

빌 게이츠는 당신을 부러워할지도 모른다

사람은 누구나 남과 자신을 비교한다. 이 비교가 끝이 없다는 게 문제다. 어떤 사람이 인터넷 비즈니스 분야의 스타트업 기업에서 일하고 있다고 하자. 그는 회사에서 일 잘하는 선배를 보고 자신과 비교한다. 그 선배는 스타트업 기업을 세운 경영자와 자신을 비교한다. 경영자는 더 큰 일류 기업의 경영자와 자신을 비교한다. 그리고 일류 기업의 경영자는 빌 게이츠를 보며 자신과 비교한다. 그러면 빌 게이츠는 누구와 자신을 비교할까? 젊었을 적 자신의 모습은 아닐까? 잠재력과 가능성이 넘치는, 작은 스타트업 기업의 평범한 사원은 아닐까?

나보다 뛰어난 사람은 어디에나 있다

남과 비교하는 것이 문제가 되는 이유는 비교에 비교를 거듭해도 늘 자기보다 뛰어난 사람이 있기 때문이다. 아무리 부자든 꽃미남이든, 미인이든 비교 대상은 끊이지 않는다. 국민 아이돌 그룹의 일원이 되었어도 영화배우 조니 뎁이나 브래드 피트와 자신을 비교하면 비참한 기분이 들 것이다. 어렸을 때부터 꿈이었던 축구 선수가 되었는데도 리오넬 메시와 자신을 비교한다면 언제까지고 불행할 것이 틀림없다. 심지어 어떤 분야에서 정상에 올랐어도 다른 분야에서 성공한 사람과 자신을 비교하는 경우도 얼마든지 있다.

물건을 버린 후 나는 더 이상 나를 남과 비교하지 않는다. 예전에는 늘 남과 비교하면서 볼품없는 방에 살고 있는 내가 부끄러웠다. 원하는 물건을 원하는 만큼 사들이는 사람을 보고 부러워하기도 했다. 이제는 그런 마음과 깨끗이 작별했다. 악순환의 고리가 되는, 누가 더 많은 물건을 갖고 있는지 겨루는 대회에는 더 이상 참가하지 않기로 했기 때문이다.

비교할 수 없는 경험의 가치

사람은 어떤 물건에도 금방 익숙해진다. 그래서 물건보다 경험에서 얻는 행복의 지속 시간이 더 길다. 10만 엔을 주고 산 코트는 입을 때마다 익숙해져서 시간이 흐를수록 기쁨은 점점 줄어든다. 하지만 10만 엔으로 친구와 함께 간 해외여행은 생각날 때마다 똑같이 기쁨이 재현된다. 기억을 끄집어낼수록 즐거움이 줄어들지는 않는다.

이렇듯 물건보다 경험에서 오는 행복의 지속 시간이 훨씬 긴데도 사람들은 물건에 돈을 더 잘 쓴다. 그 이유는 경험보다는 물건이 남과 비교하기 쉽기 때문이다. 미국의 심리학자 소냐 류보머스키^{Sonja Lyubomirsky}는 이렇게 말한다.

"자신이 갖고 있는 핸드백은 다른 사람과 쉽게 비교할 수 있다."

핸드백의 가치는 가격에서 확 드러난다. 브랜드라면 누구나 가격을 알고 있기 때문에 더 비교하기 쉽다.

반면에 요가 레슨 받는 것을 골프 치는 것과 비교하거나, 강에서 낚시한 경험과 산에서 캠핑한 경험을 비교하려면 상당한 상상력이 필요하다. 이렇듯 경험은 무엇이 더 뛰어난지를 비교하기 힘들지만 물건은 비교하기가 쉽다. 쉽게 비교할 수 있는 물건 쪽이 자신의 가치도 확인하기 쉽다.

하지만 실제로 행복의 지속 시간이 긴 것은 경험이다. 남과 비교하기 위해 물건을 사기보다는 행동력을 향상시켜서 경험을 쌓는 쪽이 훨씬 풍요로움을 느낄 수 있다. 게다가 경험은 다른 사람과 비교하기 어렵기 때문에 꼭 특별한 경험이 아니어도 좋다.

비교하기 시작하면 아무것도 할 수 없다

자신을 남과 비교하는 일은 물건을 사들이는 것과 마찬가지로 끝이 없다. 책을 쓰고 있는데 나보다 뛰어난 사람이 쓴 책을 생각하기 시작하면 한 글자도 더 쓸 수 없게 된다. 세상에 나보다 훌륭한 사람은 얼마든지 있다. 그 사람과 비교해서 '나 따위가!'라고 생각한다면 아무것도 할 수 없다.

내가 지금 갖고 있는 물건은 남과 비교해서 갖고 싶었던 물건이 아니라 내게 필요하다고 생각되어 내가 고른 물건들뿐이다. 누군가에게 조종당해서 산 물건이 아니다. 자기에게 무엇이 필요한지를 아는 미니멀리스트가 되면 물건을 살 때 남이 아닌 자신에게 초점을 맞춘다.

나는 내게 필요한 모든 물건을 갖고 있다. 부족한 물건은 하나도 없다. 그러므로 나 자신을 누군가와 비교할 필요도 없다.

05

남의 시선을 두려워하지 않는다

당신의 얼굴에 신경 쓰고 있는 사람은
당신뿐이다.
_《미움받을 용기》 중에서

길고양이는 자살하지 않는다

길고양이는 사람들이 버린 음식물을 찾아다니고 정처 없이 밤길을 떠돌아다닌다. 평생을 그렇게 살아가도 자살하지 않는다. 누군가의 시선을 신경 쓰고 자신을 부끄럽게 여기지 않기 때문이다. 남들에게 음식을 얻어먹으며 살아도 사람들의 시선만 신경 쓰지 않으면 충분히 살아갈 수 있다.

나는 방에 있는 물건을 최소한으로 줄이면서 밖에 나갈 때 입는 옷도 최소한으로 줄였다. 스티브 잡스나 마크 저커버그처럼 언제나 간소하고 똑같은 옷. 그들은 옷을 고르는 시간도 아까워했다. 옷을 고르는 데 쓸 시간을 창조적인 시간에 할애하고 싶었을 것이다. 복장의 미니멀리즘, 사복의 제복화를 실천하면 그만큼 시간이 생겨 중요한 일에 몰입할 수 있다.

스티브 잡스는 긴장하지 않는다

아무리 입어도 싫증 나지 않는 것으로 고른 옷들을 입으면 유행에 뒤처지지 않을까 신경 쓰지 않아도 된다. 기발한 패션을 하지 않기에 자기에게 잘 어울리는지 아닌지, 코디네이트가 잘 되었는지 아닌지 타인의 평가에 촉각을 곤두세울 필요도 없다. 남이 입은 값비싼 옷을 부러워하거나 저렴한 옷을 입고 있는 자신을 창피해하지 않는다. 남의 시선에 전혀 마음 쓰지 않는다.

화려한 가게에 들어가는 것은 종종 긴장되는 일이지만, 언제나 같은 옷을 입었던 스티브 잡스라면 꼼 데 가르송(일본의 디자이너 가와쿠보 레이가 만든 유명 브랜드—옮긴이) 매장에 들어간다고 해서 자신의 차림새가 어떻게 보일지 긴장했을까? 나는 복장을 최대한 간소하게 입으면서부터 남들이 나를 보고 어떻게 느낄지 그다지 의식하지 않게 되었다. '부끄러운 차림이라고 생각하지 않을까?' '사람들은 내 모습을 어떻게 평가할까?' 예전의 나는 그저 길을 걷고 있을 뿐인데도 이렇게 자의식 과잉 상태에 빠져 있었다.

왜 혼자서는 고깃집에 들어가기 힘들까?

혼자 고깃집에 들어가 고기를 구워 먹기는 쉽지 않다. 그 이유는 점원이나 다른 테이블의 손님이 '용케도 혼자 왔네.' '혼자 쓸쓸하지 않을까?'라고 생각할 것만 같기 때문이다. 실제로 그럴지도 모른다. 하지만 그 시간은 10초 남짓, 기껏해야 30초 정도다. 그렇지만 혼자서 고깃집에 가면 자신을 중심으로 생각하기 때문에 고기를 먹고 있는 시간 내내 남들의 시선에 여간 신경 쓰이는 게 아니다. 하지만 막상 다른 손님의 입장이 되어보면 옆자리 손님이 혼자 왔든 아니든 전혀 관심이 없다는 것을 알 수 있다. 즉, 당신이 혼자 고기를 구워 먹는 데 신경 쓰고 있는 사람은 오로지 당신뿐이다.

결국 타인의 생각은 증명할 수 없다. '혼자 고기를 구워 먹다니 쓸쓸한 사람이군.'이라는 생각은 증명할 수 없다. 만일 옆자리 손님에게 "아까, 혼자 쓸쓸하겠다고 생각했지?"라고 추궁해도 "아니, 그렇게 생각하지 않았어."라고 말하면 그만이다. "증거가 있어. 아까 내 쪽을 흘끔흘끔 쳐다보며 웃었잖아!"라고 말해도 다른 이유로 웃고 있다가 우연히 눈이 마주쳤을 뿐이라고 하면 더 이상 할 말이 없다. 정말로 쓸쓸한 사람이라고 생각했을지도 모르고 그렇지 않을 수도 있다. 타인의 생각은 어떻게 해도 증명할 길이 없다.

증명할 수 없는 일에 계속 얽매여 있겠다면 어쩔 수 없다. 남의 시선이 두려워 자신이 하고 싶은 일에 도전하지 못하는 게 안타까울 따름이다. 혼자 고기를 먹고 싶으면 그렇게 하는 게 좋다. 무엇을 하든 남들은 내 생각만큼 나에게 신경 쓰지 않는다. 모두 자신의 일에 몰두해 있기 때문이다.

남에게 과시하기 위한 물건은 버려라

예전에 나는 확실히 전자책에 위화감을 느꼈다. 반면에 종이책은 근사하다. 무엇보다 책장을 빨리 넘길 수 있는 데다 아날로그의 온기마저 느껴진다. 독특하고 개성 있는 책 디자인을 보는 재미도 쏠쏠하고 전자책보다 눈이 덜 피로하다.

하지만 전자책에 대해 느꼈던 위화감은, 사실은 종이만이 표현할 수 있는 매력이 없어서가 아니라 아무리 읽어도 쌓이지 않았기 때문이었다. 내가 좋아하고 나를 위해 모으는 거라고 믿었던 어마어마한 양의 책들은 실은 호기심이 왕성하고 지적인 사람으로 보이고 싶은 과시욕의 산물이었다.

나는 가득 쌓인 책으로 나의 가치를 알리고 싶었던 것이다. 나의 가치를 보여주려는 목적을 이루려면 아무래도 읽은 책을 쌓아두어야만 했다. 종이책은 읽은 권수를 눈으로 볼 수 있고 누구나 파악할 수 있다. 그래서 몇 권을 가지고 있든, 몇천 권을 읽든 한 권을 읽은 것처럼 보이는 전자책에 위화감을 느꼈던 것이다.

언젠가 읽으려고 마음만 먹고 몇 년 동안이나 읽지 않은 채 내버려둔 책들은 이미 책을 사서 쌓아두는 게 취미라고 말할 수조차 없는 상태가 되었다. 나는 책을 몽땅 처분했고, 이제야 정말로 관심이 있는 한 권에 집중할 수 있게 되었다. 그 결과 읽고 싶은 책도 예전보다 늘어났다. 오래된 책을 버렸더니 새로운 분야에 관심도 생겼다. 버림으로써 새로운 것을 얻었다.

사진을 찍지 않는 카메라

나는 사진 찍기를 무척 좋아한다. 사진이라면 꽤 지식도 있는 편이다. 집 부엌을 컬러필름을 인화하는 암실로 이용한 적도 있다. 아름다운 앤티크 카메라를 수집하기도 했고 마니아들이 열광하는 카메라를 옥션에서 낙찰받기도 했다. 어떤 카메라는 아예 필름조차 끼우지 않은 채 장식품으로 놓아두기도 했다.

그렇다. 그저 장식품이었을 뿐이다. 남들에게 카메라를 많이 갖고 있는 걸 보여주고 싶었던 것이다. 카메라라는 물건을 통해 내가 카메라를 좋아하고 감각이 있다는 것을 알리고 싶었다. 결국 카메라도 모두 팔았다. 대리 옥션을 통해 방습창고까지 한꺼번에 처분했다.

이처럼 남의 시선을 의식해서 갖고 있었던 물건을 모두 과감히 버린 결과 다른 사람의 시선을 신경 쓰지 않게 되었다. '나는 이런 사람'이라고 스스로 얽매고 있던 자의식, '남들에게 이렇게 보이고 싶다.'는 과도한 자존심이 사라졌다. 물건을 처분한 덕분에 쓸데없는 자의식도, 마치 군살처럼 행동을 방해하던 불필요한 자존심도 벗어던질 수 있었다.

나는 이제 새로운 내 방을 미니멀리스트의 모델하우스로 삼고 싶다. 미니멀리스트의 생활에 관심 있거나 참고하고 싶다면 누구나 편하게 들를 수 있는 '주택 갤러리' 같은 집이다. 관심 있는 사람은 언제든 연락을 주기 바란다. 단지 구경만 해도 환영한다.

내 방은 언제 누구에게 보여줘도 부끄럽지 않은 방이 되었다. 이제 무엇을 해도 부끄럽지 않다. 지금부터는 내가 하고 싶은 일을 할 뿐이다.

06

행동하는 사람이 된다

자신이 한 행동이 모두 하찮은 일일지도 모른다.
하지만 행동했다는 것 자체가 중요하다.
_마하트마 간디

타인의 시선에서 벗어나다

이제는 시간이 충분히 있다. 나를 남과 비교하지 않고 다른 사람의 시선도 두려워하지 않는다. 매일 가사와 잡무를 꼼꼼하게 해내다 보니 어느새 나 자신을 좋아하게 되었고 자연히 행동할 수 있게 되었다. 내 행동을 방해하는 것은 아무것도 없다.

미니멀리즘의 선순환이 시작되었다. 작은 소용돌이에서 시작된 선순환은 차츰차츰 커다란 원을 만들어냈다. 그전에는 다른 사람의 시선을 신경 쓰느라 아무것도 도전하지 못했던 내가 많은 일들을 행동으로 옮겼다. 물건을 줄이고 나서 내가 시작하거나 도전한 일들은 다음과 같다.

206

- 비로소 다이빙에 도전했다(공부하고 나서 시작하겠다고 생각만 하면서 몇 년이 흘렀다).
- 좌선을 익혀 습관으로 정착시켰다(무척 긴장했지만 고이케 류노스케의 좌선 강좌에 참가했다).
- 헬스클럽의 요가 프로그램에 참가했다(몸이 굳어 있어서 비웃음이라도 사면 어쩌나 두려웠다).
- 만나고 싶었던 사람에게 연락을 해서 만났다(유명인이든, 누구든 날 만나주었다).
- 전국에서 개최되는 미니멀리스트 오프모임에 참가했다(언제나 정말 즐겁다).
- 미니멀리스트 오프모임을 직접 기획했다(낯가림이 심했던 내가 그런 걸 해내다니!).
- 인터넷을 통해 알게 된 사람과 친구가 되었다(전국 각지에 만나러 갈 수 있는 친구가 생겼다).
- 웹사이트를 시작했다(예전에는 인터넷에 글을 올리는 사람은 쓰레기라고 생각했다).
- 트위터를 시작했다(예전에는 트위터 같은 걸 하는 사람은…, 이하 생략하겠다).
- 10년간 살던 방에서 드디어 이사했다(이동 시간을 제외하고 이사하는 데 30분 걸렸지만 다음에는 20분도 걸리지 않을 것이다).
- 과분할 정도로 매력적인 여자를 좋아하게 되어 마음을 전하고 사귀

게 되었다(예전의 나라면 절대 하지 못했을 것이다).

- 한 권의 책을 썼다(예전의 나라면 이렇게 말했을 것이다. "그만두지 그래.
창피하게!").

여자 친구에게는 나중에 보기 좋게 차였지만 미니멀리즘을 철저히
실천하지 못했던 탓이라고 스스로 위로하고 있다. 여전히 나는 상대가
어떻게 생각할지만을 생각하고 있었던 것이다.

앞으로는 아무것도 없는 방에서 영어 공부에 몰두할 생각이다. 설마
내가 할 수 있을 거라고는 꿈도 꾸지 않았던 서핑, 등산 같은 아웃도어
는 물론 오토바이 면허를 따려고 계획하고 있다. 집 안에만 틀어박혀
지내던 내가 어떻게 된 일일까? 모르는 사이에 외계인이 나를 유괴해
서 칩이라도 심어놓은 걸까? 아니다. 나는 물건을 버렸다.

일단 하고 나서 후회하라

어떤 일에 실패하고서 '괜히 했어!'라고 후회한 일보다 시도하지 않고
'할 걸 그랬어!'라고 후회한 일이 더 깊게 남는다. 이를 심리학 용어로 자
이가르닉 효과Zeigarnik Effect라고 한다. 사람은 끝까지 마친 일보다 달성하
지 못했거나 도중에 중단한 일을 더욱 뚜렷하게 기억한다는 이론이다.

예를 들어 좋아하는 사람에게 마음을 전하지 못한 후회는 누구에게
나 있을 것이다(사실 나는 그런 후회밖에 없다). 그런 일은 언제까지나 마
음속에 남아 있다. 두려워 도전하지 못했던 일이 도전하고 결과가 나빴

던 일보다 후회가 된다. 그렇다면 답은 하나다. 성공하든 실패하든 일단 하는 게 더 낫다!

하지 않고 드는 후회보다 하고서 드는 후회가 더 가볍다. 따라서 행동하는 것이야말로 행복으로 이어지는 지름길이다. 이번에 나는 책 쓰는 일을 저지르고 나면 후회할지도 모른다. 하지만 쓰지 않으면 더 후회할 것이므로, 이대로 좋다.

미니멀리스트가 미래를 낙관하는 이유

"결혼식 말입니까? 만일 원하신다면 300만 엔을 준비해주세요. 아이를 두 명 낳고 싶다고요? 한 명당 2,000만 엔이 필요하니 알맞게 마련해주시길 부탁드립니다. 편안한 노후를 보내시려면 3,000만 엔을 저축해놓으세요. 참, 깜빡 잊을 뻔했는데 당신의 장례식에 사용할 200만 엔도 부탁드릴게요."

이런 말을 듣는다면 누구나 우울증에 걸리고 말 것이다.

"아, 역시 돈이 부족하시군요. 그러면 돈을 불립시다. 아주 좋은 아이디어가 있어요."

결국 자신의 약점을 이용당하고 만다. 아무리 의심 많은 사람일지라도 이런 식의 접근에는 속아 넘어가기 십상이다. 이런 돈의 대부분은 다른 사람의 시선 때문에 쓰는 돈, 겉치레를 위해 쓰는 돈이다. 살아가기 위해 필요한 비용은 그렇게까지 많지 않다. 그렇지 않다면 더 가난한 지역의 사람들은 어떻게 결혼을 하고 아이들을 키우겠는가?

미니멈 라이프 비용, 즉 살아가는 데 필요한 최소한의 금액을 알면 매사에 훨씬 소박해진다. 최소한 이만큼 있으면 살아갈 수 있다, 이 정도의 물건으로 충분히 만족한다고 느낀다면 직업도 더욱 도전적으로 선택할 수 있다. 미니멀리스트에게 '잃어버릴 물건'은 없다. 그래서 낙관적으로 행동할 수 있다.

두려워하지 말고 도전하라

매년 올라가는 생활의 질을 떨어뜨리지 않고 그동안 늘어난 물건을 처분하고 싶지 않다면 할 일은 단 하나, 현상을 유지하면 된다. 소중한 물건을 포기해야 할지도 모르는 리스크를 떠안는 일은 쉽지 않다. 생활의 질을 낮추지 않고 지금 갖고 있는 물건을 계속 유지하기 위해서는 하고 싶지 않은 일이라도 계속 해나갈 수밖에 없다.

흔히 "먹고살려면 별 수 있나, 참아야지!"라는 말을 많이 듣는다. 하지만 먹기 위해서, 살기 위해서라고 내세우는 구실의 이면에는 대부분 물건에 대한 욕망이나 타인의 시선을 의식하는 허세가 자리하고 있다. 이런 허세가 마음속 깊은 곳에 자리하고 있는 건 아닌지 몇 번이라도 확인해봐야 한다.

반면에 물건을 줄여 홀가분해지면 어디든지 바로 갈 수 있다. 타인의 시선이 신경 쓰이지 않으므로 실패를 두려워하지 않고 도전할 수 있다. 또 물건을 버리면 미니멈 라이프 비용이 낮아져서 낙관적이 된다.

예전에 나는 한 가지 일에 계속 고민을 거듭하면서 어떻게 행동해야 할지 일일이 다 따져보고 장단점을 비교했다. 목적지에 도달하기 위한 가장 효율적인 방법을 찾느라 세월을 다 보냈던 것이다. 그러느라 또 지쳐서는 침대에서 정신없이 자곤 했다. 지금은 일단 행동으로 옮긴다. 이미 효율 같은 건 따지지 않는다. 이 책도 쓰기 시작할 때까지 머릿속으로 온갖 길을 다 돌아왔다. 하지만 목적지에 빨리 도달하려면 그만큼 빨리 출발하는 것이 가장 좋은 방법이다.

그 누구도 훔쳐가지 못하는 것, 경험

중요한 것은 행동을 통해 얻은 경험은 물건과 달리 빚 담보로 잡히거나 도둑맞지 않는다는 사실이다. 그 누구도 경험을 빼앗을 수는 없다. 물건과는 달리 내 안에 있고 언제나 갖고 다닐 수 있다. 어떤 일이 있든 마지막에 남는 것은 경험이다.

07

집중력이 높아진다

무소유란 아무것도 갖지 않는다는 것이 아니라
불필요한 것을 갖지 않는다는 뜻이다.
_법정

내 물건이 보내는 침묵의 메시지

물건을 줄이면 집중력마저 높아진다. 왜일까? 물건이라고 해서 그저 가만히 놓여 있는 것이 아니다. 어떤 물건이든, 어떤 상태로 놓여 있든 물건은 우리에게 무언의 메시지를 보낸다. 특히 소중하게 취급되지 않는 물건일수록 그 메시지는 강렬하다.

도중에 내팽개친 영어 회화 교재는 "할 일 없나 본데, 슬슬 다시 한 번 도전해보는 게 어때?"라는 메시지를 보낸다. 수명이 다 된 전구는 "사오는 걸 또 잊었어? 이런 손쉬운 일조차 제대로 하지 못하다니!", 개수대에 잔뜩 쌓인 그릇은 "항상 이 모양이군. 이제 네겐 기대도 하지 않겠어."라고 불만을 터뜨린다.

평소 사용하고 있는 물건에게서도 메시지를 들을 수 있다. 늘 보는 텔레비전은 "녹화한 방송이 벌써 여러 편 밀려 있어요. 이제 슬슬 먼지를 털어줄 때가 되지 않았나요?", 컴퓨터는 "프린터 친구가 있었으면 좋겠는데…. 아니, 아무것도 아니야.", 목욕 비누는 "이제 거의 다 닳았어요!", 침대 시트는 "바쁘신데 죄송하지만 저도 함께 세탁해주시겠어요?"라고 아우성이다.

어떤 물건이든 소중한 대우를 받고 싶어 한다. 당신이 제대로 상대해주고 메시지를 들어주기를 줄 서서 기다리고 있다.

침묵의 투두To Do 리스트

물건을 늘리면 늘릴수록 서로 메시지를 보내겠다고 차례를 기다리는 줄은 점점 더 길어진다. 길게 늘어선 그 줄을 나는 '침묵의 투두To Do 리스트'라고 부른다. 물론 물건이 실제로 당신에게 이거 해라, 저거 해라 말하진 않는다. 또 직장에서의 투두 리스트처럼 당신을 압박하거나 재촉하는 상사도 없다. 하지만 그냥 내버려두면 해야 할 일들이 가득 쌓이기 마련이다.

인간의 하드웨어는 5만 년 전이나 지금이나 달라진 게 없기 때문에 할 일을 많이 지시받으면 시스템이 멈춰 움직일 수 없게 된다. 우리는 해야 할 일이 많으면 귀찮아지고 의욕을 잃는다. 이 '귀찮다'는 감정은 투두 리스트가 너무 많은 상태다. 혹은 잡무에 치여 정작 중요한 일에는 손도 대지 못하는 상황이다.

물건을 줄이면 핵심이 보인다

흔히 책상이 지저분한 사람은 일의 능률도 떨어진다고들 한다. 사실 그 원인은 침묵의 투두 리스트에 있다. 명함 정리, 정리할 서류와 버려야 할 서류 선별 등 해야 할 일을 그때그때 하지 못했기 때문에 책상에는 항상 침묵의 투두 리스트가 산더미처럼 쌓여 있다. 당연히 집중력이 떨어질 수밖에 없다.

마찬가지로 물건이 많으면 일일이 물건을 찾느라 좀처럼 중요한 일을 시작하지 못한다. 중요한 본래의 투두 리스트는 물건에 파묻혀 우선순위조차 알 수 없게 된다. 그 지경이 되면 모든 일이 귀찮아지고 자존심도 무너져 스트레스가 쌓인다. 그러면 또 어느새 스마트폰을 들여다보고 SNS를 확인하는 악순환에 빠져든다.

물건이 적으면 물건이 내보내는 침묵의 메시지는 당연히 줄어든다. 메시지 때문에 이것저것 골머리를 앓는 일도 줄어들고, 물건이 내뿜는 메시지에 우리의 뇌가 '피곤해. 좀 쉬게 해줘!' 또는 '알았다니까. 나중에 할게.'라며 하나하나 대답하는 수고도 사라진다. 물건을 줄이면 집중력이 높아지는 것은 바로 이 때문이다. 애초에 물건에서 쓸데없는 메시지를 많이 받을 일도 없고, 받았다고 해도 금세 대답할 수 있어 쌓이지 않는다.

물건을 줄이면 침묵의 투두 리스트는 줄어들고, 언제든지 본래의 투두 리스트에 집중할 수 있다. 물건을 줄이면 중요한 일에 훨씬 더 집중할 수 있다.

리오넬 메시의 미니멀리즘

중요한 일에 집중하려면 중요하지 않은 일을 줄일 수밖에 없다. 미니멀리스트는 중요한 일을 위해 줄이는 사람을 가리킨다고 앞서 정의한 바 있다.

축구 스타 리오넬 메시도 중요한 것을 위해 줄이는 미니멀리스트다. 그는 한 경기당 평균 주행거리가 무척 짧다고 알려져 있다. 프로축구 선수는 한 경기에 평균 10킬로미터 정도를 달린다고 하는데, 메시의 평균 주행거리는 8킬로미터밖에 되지 않는다. 경기 중에 그가 걷고 있는 모습도 자주 볼 수 있다. 상대방 골대 쪽으로 공격하다가 다시 수비 위치로 돌아갈 때도 달리지 않을뿐더러 공격할 때 적극적으로 돌진하는 횟수마저 적다는 통계도 있다.

축구에 대해서는 잘 모르는 나도 왜 메시가 세계 최고의 선수로 불리는지는 안다. 그는 슛을 날릴 타이밍과 위치를 정확히 파악해서 승부를 걸고 그 순간 최고 속도로 상대를 따돌리기 때문이다. 즉, 그는 '득점'을 중요하게 생각한다. 중요한 일에 집중하고 그 외의 것은 줄인다. 결정적인 득점 기회를 위해 체력 소모를 줄이는 것이다.

가장 중요한 일에만 집중하라

스티브 잡스는 언제나 같은 옷을 입고 다니면서 복장의 패턴을 간소하게 줄였다. 또한 제품에서도 중요한 기능을 제외한 불필요한 부분은 과감히 없애고 심플한 디자인을 추구했다. 하지만 그가 옷이나 제품을 줄였다는 이유만으로 미니멀리스트로 불리는 것은 아니다. 잡스는 정말로 모든 것을 줄였다.

예를 들면 그는 회의에 참석하는 사람 수도 줄였다. 굳이 회의에 참석할 필요가 없는 사람이 회의실에 들어오면 거침없이 퇴장을 재촉했다. "자네는 이 회의에 참석하지 않아도 되네. 수고했어."라고 말하며 내보냈다. 그는 최소 인원으로 선별한 최고의 인재만으로 모든 일을 결정하고 싶어 했다.

프로세스보다 아이디어를 존중하는 애플의 기업문화도 바로 이런 맥락에서 나왔다. 디자이너가 멋진 콘셉트를 내놓았다고 해도 마케팅팀, 광고팀, 영업팀, 자재팀 등 많은 사람들과 함께 의견을 맞춰가는 동안 평범한 디자인으로 전락하고 만다. 모터쇼에서는 어느 시대나 예외 없이 독창적인 디자인이 나왔지만 아무리 시간이 지나도 상품화되지 않는 것은 바로 이런 이유에서다. 그러나 잡스는 독창성을 방해하는 비효율적 프로세스를 혐오해서 승인 절차를 과감히 줄였다. 승인 절차가 늘어날수록 아이디어가 독창성을 잃고 실현되는 속도도 느려진다고 생각해서였다.

'무엇을 하지 않을까'를 생각하라

스티브 잡스는 디자이너가 아이디어를 제안할 때도 한 가지만 보고하기를 원했다. 가장 좋은 아이디어, 즉 최고의 아이디어는 하나밖에 없다. 그러니 두 가지, 세 가지를 제안할 필요가 없다고 여겼다.

애플에서 쫓겨났던 잡스가 복귀해서 가장 먼저 착수한 일은 케케묵은 서류와 오래된 장비를 모두 없애는 일이었다. 첫 업무로 물건을 줄였던 것이다. 잡스는 '세상을 바꿀 수 있는 제품'을 내놓는 일에 집중하고 싶었기에 그 외의 중요하지 않은 일은 모두 최소한으로 줄였다. '무엇을 할까'가 아니라 '무엇을 하지 않을까'를 중요시했던, 그야말로 완벽한 미니멀리스트였다.

몰입이 만들어내는 행복

몰입이 만들어내는 행복에 관한 연구가 있다. 심리학자 미하이 칙센트미하이 Mihaly Csikszentmihalyi의 주장에 따르면 '플로', flow, 즉 몰입할 때 사람은 시간을 잊을 뿐만 아니라 자신이 안고 있는 문제도 잊는다. 그리고 나중에는 '나'라는 자아조차 사라진다. 시간이 흐르면서 충실감을 느끼고 살아가는 의미마저 느낄 수 있다고 한다.

시간도, 자신도, 성가신 문제도 잊고서 몰두할 수 있었다면 그것은 플로일 가능성이 높다. 중요한 것은 시간이 흐르면서 충실감을 느낀다는 점이다. 아무리 자신을 잊고 몰입한다 해도 끝나는 순간 '나는 지금 뭘 하고 있는 거지?'라고 후회하는 오락은 플로가 아니다.

칙센트미하이는 플로의 예로 음악 연주를 들었다. 누구나 플로를 경험하는 것은 아니다. 하지만 경험하게 되면 시간도, 자신도 잊고 몰입하는 그 순간을 반드시 자각할 수 있다. 플로를 경험하면 사람은 더 큰 행복을 얻을 수 있다.

정보 미니멀리즘

사람은 5만 년 전의 하드웨어 그대로다. 뇌도, 신체도 5만 년 전에 진화를 멈췄다. 여기에 엄청나게 늘어난 물건의 정보를 가득 입력하면 우리는 '처리 중'이라는 아이콘이 빙글빙글 돌고 있는 컴퓨터처럼 작동을 멈춰버린다. 디지털 네이티브 세대(학생 때부터 인터넷이나 컴퓨터가 있는 생활환경에서 자라온 세대로 1980년 이후 출생자를 가리킨다ー옮긴이)라고 해서 뇌에 하드디스크가 가득 탑재되어 있거나 고성능 메모리를 저장해두고 있는 것은 아니다.

물건을 줄이면 물건으로부터 받는 메시지도 줄어든다. 물건에 할당되는 메모리 용량도 줄어 뇌가 쾌적하게 움직인다. 정보도 마찬가지다. 정보를 줄이는 것도 미니멀리즘에 해당한다.

안테나를 접어라

'정크 인포메이션'Junk Information이라고 불리는 정보가 있다. 인터넷 뉴스로 대표되는 별로 가치 없는 정보, 언뜻 시선을 끌지만 그 후에는 단 한 번도 생각나지 않을 정도로 시간 때우기에 딱 알맞은 정보를 말한다. 이런 쓸데없는 정보에 오랫동안 둘러싸여 있으면 '정보 대사증후군' 상태가 되기도 한다. 어떤 실험 결과에 따르면 과도한 정보에 지나치게 노출된 사람은 대마초를 피울 때보다 지능지수가 저하되는 것으로 드러났다.

현대사회는 이미 지나치게 넘쳐나는 정보를 얼마나 많이 얻느냐가 아니라 얼마나 거리를 두느냐, 얼마나 쓸데없는 정보를 줄이느냐가 중요한 과제다. 정보는 매일 폭발적으로 늘어나고 있다. 스마트폰을 사용하는 사람이라면 대부분 무의식중에 손이 스마트폰으로 움직여 메시지를 확인하거나 브라우저에서 계속 링크를 타고 따라간 적이 있을 것이다. 게임을 하다가 밤을 꼴딱 지새운 경험도 누구나 한 번쯤은 있을 것이다. 그러나 이제는 들어오는 정보를 줄이고 정보와 거리를 둬야 한다. 안테나를 켜는 대신 안테나를 접는 일이 절실하다.

SNS 피로감에서 벗어나라

최근 과도한 SNS 의존에 따른 'SNS 피로증후군'이 화제가 되고 있다. 언제나 연결돼 있어야 하고 연락할 수 있어야 한다는 긴장감이 사람에게 미치는 악영향은 사실 말할 수 없이 크다.

요네다 도모히코米田智彦의 《디지털 디톡스 추천》デジタルデトックスのすすめ에 소개된 SNS 피로증후군을 벗어나기 위한 사례들을 보면 무척 재미있고 흥미를 끄는 것들도 있다. 가령 호텔에 체크인할 때 스마트폰이나 컴퓨터를 맡기는 '디지털 디톡스 플랜'이나 입구에서 스마트폰을 맡기고 들어가 맥주나 사람과의 대화에 집중할 수 있는 바가 그것이다. 실제로 폭스바겐에서는 심야와 이른 아침에 사원들에게 메일 보내기를 중지했으며, 다임러벤츠는 휴가 중인 직원 앞으로 송신된 메일을 자동 삭제하는 시스템을 도입했다. 중요한 개인 시간을 보호하기 위해 업무 시간 외에 오가는 메일을 '버린' 것이다.

자신의 내면에 몰입하라

미니멀리스트들 중에는 명상이나 좌선, 요가를 습관으로 하고 있는 사람이 많다. 생각해보면 무척 자연스러운 일이다. 물건을 줄이면 자신의 바깥에 있는 물건에 신경 쓸 일이 적어진다. 그러다 보니 자연히 의식은 자신의 내면으로 향한다.

예전에는 나도 명상 같은 것은 지나치게 영적이고 수상쩍다는 편견을 갖고 있었다. 그런 내가 고이케 류노스케 스님의 좌선 강좌에 참가하면서 이제는 좌선을 하고 명상하는 일이 습관이 되었다. 곧바로 효과를 보았기 때문이다. 명상을 하는 동안에는 온갖 생각들이 머릿속을 어지럽힌다. 그럴 때는 집중해서, 갑자기 혼란스러워진 의식을 그저 가만히 호흡할 수 있게 돌려놓는다. 이렇게 되풀이하다 보면 집중력이 높아질 뿐 아니라 평소 자신의 의식이 어떤 흐름을 이루고 있는지도 확실히 이해할 수 있다. 좌선과 명상은 나 자신을 운영하는 제어 시스템을 새로 설치했다고 할 정도로 커다란 힘을 발휘했다.

구글과 페이스북도 선과 명상에 몰입하고 있다. 구글은 명상 강좌를 열더니 마침내 사내에 보행명상용 미로까지 만들었다고 한다. 이제는 명상, 좌선, 요가 같은 자기 관찰의 시간이 필수적이다. 과도한 정보의 소음에 빠지지 않기 위해서다.

미니멀리즘으로 자신의 뜻을 밀고 나가라

미니멀리즘을 의식하고부터 나는 머릿속에 서려 있던 안개가 조금씩 걷히는 느낌이 들었다. 마치 지금까지 계속 교양학부에 있었던 것 같다. 명작이니까 읽었고 이미 좋은 평판을 얻은 물건에 관심을 가졌다. 위대한 누군가와 그 누군가를 평하는 위대한 비평가에 대해 배우고 있었다. 위대한 물건이 너무 많아서 내가 스스로 고르지 못했던 것이다.

그렇다 보니 아무리 잘 알고 있어도 내가 생각해낸 것이 아니기에 금세 머릿속 서랍에서 꺼내지를 못했다. 가족이 아닌 사람들과는 만나도 할 이야기가 없었다. 상대의 이야기를 어떻게든 이해하려고 애쓰며 잘 들어주는 척을 했다. 우습게 보이지 않으려고 입을 다물고 아무 말도 하지 않은 적도 많았다. 이런 일들이 조금씩 달라지고 있다는 것을 느꼈다.

물건을 최소한으로 줄이자 정보에 관해서도 최소한의 개념을 의식하게 되었다. 지금은 불필요한 뉴스나 가십, 게다가 무척이나 좋아하던 예능 프로그램까지도 거의 내 안에 들여놓지 않는다. 다른 사람이 만든 물건이나 남에게 일어난 일에 이것저것 참견하지 않는다. 타인의 목소리가 아니라 내 안에서 들려오는 목소리를 믿는다. 그래서 지금 내가 느끼는 것은 '나 자신의 귀환'이다.

예전의 나는 이미 세상에는 위대한 사상이나 물건이 다 나와 있으니 행여 내가 더 이룰 일은 없다고 생각했다. 남의 시선을 의식한 나머지 실패에 민감했으며 문득 근사한 아이디어가 떠올라도 '내가 생각해낸 발상이 뭐 신통하겠어?'라며 자신감 없이 뒤로 물러났다.

아마도 이런 게 아니었을까? 예전에는 내 안에 나와 같은 크기의 내가 있었다. 하지만 세상에서 이리저리 치이는 동안 내 안의 나는 점점 더 작아져 갔다. 그렇게 상처 입고 쓰러졌던 작은 내가 지금은 벌떡 일어났다. 나는 그렇게 생각한다. 다른 누군가에 관한 설명보다도 중요한 것. 그것은 비록 서툴더라도 스스로 시작해보는 일이다.

08

절약하고 환경을 생각한다

그렇게 많이 버는 똑똑한 사람이 되려면
그렇게 많이 원할 만큼의 바보가 아니면 안 된다.
_길버트 키스 체스터튼

스스로 안전망을 마련하라

절약을 큰 목적으로 삼은 미니멀리스트가 많다. 앞으로는 누군가가
마련해주는 안전망이 아니라 스스로 마련하는 안전망이 점점 더 중요
해질 것이다. 미니멀리즘은 절약하는 데도 무척 효과적인 수단이다. 미
니멀리스트가 되면 여러 가지 면에서 절약할 수 있을 뿐 아니라 저축을
하는 데도 효과적이다.

① 물건이 적으니 넓은 집이 필요 없고 집에 돈 들 일이 적다.
② 모아둔 물건을 팔면 돈이 된다.
③ 물건을 살 때 신중하게 선택하기 때문에 낭비가 적다.

④ 이미 갖고 있는 물건에 만족하므로 물건에 대한 욕심 자체가 줄어든다.

⑤ 스트레스가 적으므로 스트레스 해소를 위한 식비와 유흥비가 줄어든다.

⑥ 다른 사람의 시선에서 자유로워져 결혼, 육아, 장례식 등의 비용이 필요 이상으로 들지 않는다.

⑦ 일에도 미니멀리즘을 적용하면 좋은 실적을 내게 되어 급여도 올라간다.

물건을 최소한으로 줄이면서 살고 있는 집도 줄였다. 집세도 2만 엔을 줄였다. 2만 엔을 저축하면 앞으로 나의 저축액은 늘어날 것이다. 다음에는 더 좁은 집에서 살고 싶다. 필요한 만큼 옷도 있고 항상 같은 옷차림이어도 이젠 아무렇지 않다. 망가지지 않는 이상 새로운 물건을 사는 일은 없을 것이다. 그리고 이젠 스트레스를 해소하기 위해 술을 마시지 않는다. 나중에 다시 말하겠지만 항상 감사하고 있기 때문에 값비싼 요리가 아니더라도 보통의 식사로 충분히 만족한다.

미니멀리즘과 국가 경제

미니멀리스트처럼 물욕이 없는 사람들만 늘어나면 국가 경제가 어떻게 되겠느냐며 우려하는 사람도 있겠지만, 미니멀리즘은 그렇게 단순하지 않다. 미니멀리스트 중에는 물건에 특별히 까다롭지 않은 사람이 있는가 하면, 물건을 무척 좋아해서 자신이 원하는 특별한 것만을 고집하는 사람도 있다. 이를테면 접시 한 개를 사도 가성비가 높은 물건을 선호해서 100엔 숍에서 사는 걸로 만족하는 사람도 있고, 장인의 손을 거친 아름다운 예술품을 소장하고 싶어 하는 사람도 있다. 필요한 기능만 있으면 좋다는 사람도 있고, 질이 좋고 제대로 된 물건을 애용하는 사람도 있다.

물건을 좋아하는 미니멀리스트

소유하고 있는 물건이 적다는 것과 물건을 좋아하는 것은 별개다. 또한 물건이 적은 것과 물건에 돈을 들이는 것도 별개다. 미니멀리스트라고 해서 모두 생각이 똑같은 것은 아니다. 나도 물건을 무척 좋아하는 편이다. 지금도 잡지를 들여다보고 있으면 갖고 싶은 물건이 너무 많아서 무척 즐겁다. 다만 이제는 갖고 싶다는 마음만으로 만족하고 사지 않을 뿐이다.

또한 이제는 물건보다는 경험과 사람에 돈을 쓰는 게 더 좋다고 믿는다. 여행을 즐기거나 자연스럽게 접하는 경험에 돈을 들이고 싶다. 만나고 싶은 사람을 만날 때도 교통비나 찻값 등 돈이 든다. 흥미가 있는 도전에는 크라우드 펀딩Crowd Funding(군중으로부터 자금을 모은다는 의미로 웹이나 모바일을 통해 불특정 다수로부터 투자를 받는 일—옮긴이)을 통해 응원한다. 새로운 생활 방식을 모색하고 있는 사람을 만나면 후원금을 내기도 한다.

미니멀리즘은 절약하는 데 무척 효과적이지만 단순히 절약에 그치는 것이 아니다. 물건에 들이던 돈을 경험이나 사람을 위해 쓰고, 새로운 작업을 위해 투자할 수 있다. 그런 식으로 돈 쓰는 법을 바꾸는 것이다.

사람을 정말로 풍족하게 바꿀 수 있는 물건을 개발하는 일이 있다면 나는 기꺼이 돈을 내고 싶다. 하지만 과시하기 위한 물건이나 자신의 가치를 알리기 위한 물건에는 더 이상 돈을 쓰고 싶지 않다. 이제 돈은 정말 소중하다고 생각하는 곳에 사용한다. 사용하는 장소가 바뀌었을 뿐이다.

버리는 물건도 줄인다

물건을 많이 버린 탓일까, 최근에는 버리는 물건도 최소한으로 줄이고 싶어졌다. 특별히 환경문제를 고민하거나 대단한 결심을 한 것은 아니다. 많이 버렸고 이후에도 계속 버리겠지만 왠지 부자연스러운 기분이 들었다. 평소에 나는 언제나 2리터 페트병에 든 생수를 사곤 했는데 문득 페트병 쓰레기를 만들고 싶지 않아서 브리타BRITA 정수기를 사용하기 시작했다.

예전에는 로하스LOHAS, Lifestyles Of Health And Sustainability(건강과 지속가능한 환경을 중시하는 생활양식 ─옮긴이)나 환경문제 활동을 미심쩍게 생각하기도 했지만 지금은 조금 다르다. 밤에는 태양빛으로 충전할 수 있는 솔라 랜턴Solar Lantern을 시험 삼아 사용해보기도 한다. 물건을 갖지 않는 생활을 하다 보면 가전제품이 적어 전기료도 줄어든다. 나 혼자 사용하는 전기나 물도 가능하면 최소한으로 줄이고 싶은 마음이 든다. 필요한 물건만으로 지내다 보니 쓰레기도, 에너지도 불필요한 양을 줄이고 산뜻하고 간결한 생활을 하게 되었다.

지구의 자원은 언젠가 바닥날 것이다. 자원의 채굴 가능 연수가 논의되는 것은 고작 100년이 단위다. 3세대, 4세대의 미래는 그때면 이미 우리는 존재하지 않을 테니 생각하지 않아도 되는 것일까? 미국인들은 뭔가를 결정할 때 7세대 후의 일을 생각해서 결정하라고 배운다고 한다. 자신의 세대만 생각하지 않는 진지하고 자연스러운 사고방식이다.

미니멀리스트가 되면 사용하는 에너지마저 최소한으로 줄어든다. 어깨에 힘을 잔뜩 주고 '지구 환경을 생각하며 살아야 해!' 하며 일부러 의식하지 않아도 저절로 그런 생활을 하게 된다. 물건을 최소한으로 줄이면 평범하게 살아가는 것만으로도 환경을 생각하며 살게 된다. 그리고 그런 생활은 왠지 뿌듯하다.

09

건강하고 안전하다

탁자와 의자, 과일과 바이올린.
사람이 행복해지는 데 그 밖에 무엇이 더 필요한가.
_알버트 아인슈타인

미니멀리스트는 살이 찌지 않는다

미니멀리스트를 여러 명 만나봤지만 놀랍게도 비만인 사람이 없었다.
나도 지저분한 방에 살던 시절보다 체중이 10킬로그램 정도 줄었다. 왜
그럴까? 물건 정리 또는 물건 버리기를 소개하는 책들을 보면 대개 물
건을 줄인 부차적인 효과로 살이 빠진다고들 한다. 정체해 있던 물건
이 흘러가기 시작하면 기의 흐름이 좋아져 몸도 가벼워진다는 것이다.
하지만 이를 기의 흐름으로만 단정하지 말고 조금 더 구체적으로 알아
보자.

물건을 버리면 날씬해진다. 이 논리에는 몇 가지 이유가 있다. 살이
찌는 것은 단순히 몸이 필요로 하는 것보다 많이 먹기 때문이다. 그리

고 필요 이상으로 먹는 이유는 먹으면 스트레스가 해소되기 때문이다. 사람은 먹고 있는 동안에는 스트레스를 잊을 수 있다.

술을 마시는 것도 마찬가지다. 물건을 최소한으로 줄이면 물건으로 인해 고민하거나 쓸데없는 에너지를 빼앗기는 일도 없어서 스트레스가 줄어든다. 다른 사람과 비교하지 않으면 자신을 부끄러워할 일도 없어 스트레스는 더욱 줄어든다. 과식과 과음의 원인인 스트레스 자체가 줄었기 때문에 먹고 마시는 것으로 해소할 필요가 없다.

자신의 욕망을 확실히 알게 된다

미니멀리스트는 몇 번이고 물건에 질문을 던진 결과, 자신의 욕망을 확실히 인식하고 조절할 수 있게 된다. 물건을 최소한으로 줄이려면 꼭 필요한 물건만을 남기는 것이 중요하며, 단순히 갖고 싶다는 생각으로 물건을 소유해서는 안 되기 때문이다.

그렇기에 물건을 최소한으로 줄이면 자신의 욕망에 대한 인식력이 높아진다. 어디까지가 필요한 물건이고 어디부터가 갖고 싶은 물건인지 확실히 구분할 수 있다. 이는 물건뿐만 아니라 식욕도 마찬가지다. 필요한 식사량을 확실히 의식한다면 필요 이상으로 먹지 않는다. 필요한 만큼만 먹음으로써 '나는 이것으로 충분하다.'는 감각을 갖는다. 따라서 많이 먹지 않아도 만족한다.

또한 미니멀리스트는 일상생활에서 바쁘게 움직이기 때문에 저절로 칼로리를 소비하게 된다. 방이 넓어지고 집안일도 즐겁게 하니 이런 작은 행동들이 축적되어 다이어트로 이어지는 건지도 모른다. 나는 아무 것도 없는 방 안에서 곧잘 야구 투수의 흉내를 내곤 한다. 집 안에서도 간소하게 지내지만 평소에 가지고 다니는 것들도 가벼워 무슨 일이든 쉽게 행동으로 옮기고 자주 걷는다.

물건을 최소한으로 줄이면 살이 빠진다. 거짓말 같지만 정말이다. 나도 예전에는 살이 찐 편이었지만 이제는 대사증후군에 걸릴 염려조차 없다.

물건이 적으면 대지진에도 안심할 수 있다

노숙자들 중에 간혹 이렇게 말하는 사람이 있다.

"우리는 지진이 일어나도 혹 하나 생기고 마는데 집이 있는 사람은 참 큰일이네!"

골판지나 가벼운 목재로 지은 집이라면 지진이 일어나 무너져도 가벼운 타박상 정도로 끝난다. 하지만 단단하고 무거운 집이 무너지면 그곳에 사는 사람의 생명을 앗아갈 수도 있다.

2014년 5월, 도쿄에 큰 지진이 일어났다. 당시 내가 살던 메구로 구는 진도 4 정도였다. 그전까지만 해도 나는 지진이 일어날 때마다 물건이 날아들 경우를 대비해 컴퓨터며 방에 걸어둔 양복 등 모든 물건을 재빨리 이불로 둘둘 말아두었다. 하지만 그때는 물건을 상당히 줄이고 있던 시점이어서 지진이 일어났는데도 별로 할 일이 없었다. 따분할 정도였다. 그때 느낀 감정은 분명 '안도감'이었다.

물건이 없기 때문에 지진이 일어나도 휙휙 공중을 가르며 날아다니는 물건이 없다. 동일본대지진이 일어났을 때 우리 집 거실 통로에는 거대한 책장이 놓여 있었고 상당히 많은 책이 바닥으로 떨어졌다. 내가 살던 지역에서는 그 정도로 끝났지만 만약 수도권의 직하형 지진(지진의 원인이 육지나 근해의 얕은 지하에서 발생하는 지진으로 상하 진동이 심해 규모가 작아도 피해가 클 가능성이 높다 — 옮긴이)이었다면 어떻게 되었을까. 책장이 쓰러져 통로를 막았다면 피신할 수 없었을지도 모른다. 묵직한 카메라가 내 머리를 직격했을지도 모른다. 책이나 카메라 등 내가 무척이나 좋아하는 물건에 맞아 죽었을지도 모르는 일이다.

문부과학성은 공식 회견을 통해 "미나미간토 지역에서 M7급의 지진이 발생할 확률은 30년 내에 70퍼센트"라고 밝혔다. 내각부 지진조사연구추진본부는 지진예측지도를 작성했는데, 여기에는 앞으로 30년 안에 진도 6 이상의 지진이 26퍼센트 이상의 확률로 닥쳐올 지역이 빨간색으로 표시되어 있다. 실제로 이 지도를 꼭 보여주고 싶다. 간토, 도카이, 간사이, 시코쿠는 완전히 빨간색이다.

미니멀리즘, 효과적인 지진 대책

일본의 국토 면적이 전 세계에서 차지하는 비율은 0.25퍼센트로 아주 낮다. 그런데 세계의 활화산 7퍼센트가 일본에 집중되어 있고 일본에서 일어난 M6 이상의 지진 횟수는 전 세계의 20퍼센트나 된다. 일본에서는 지진을 만날 확률이 다른 나라보다 단연 높은 셈이다. 일본에서 계속 살려면 물건을 줄이는 일이야말로 무엇보다 확실한 지진 대책이 아닐까? 물건을 줄이면 지진으로 고장 나거나 파손되는 물건도 최소한으로 줄어든다.

앞으로도 일본에서는 지진이 일어날 것이다. 피해를 대비하기 위한 장비만 남기고 모두 줄이는 것이 자신과 가족을 위한 길이다. 동일본대지진의 쓰나미는 앨범도 휩쓸어가고 추억의 물건마저 모두 삼켜버렸다. 여기서 얻은 교훈을 잊지 말고 매우 소중하게 생각해야 한다. 누구에게나 추천할 수 있는 방법은 아니지만 추억의 물건들은 디지털화해서 하드디스크나 드롭박스, 구글 드라이브 등 온라인 저장소에 저장해두면 설령 큰 재해가 닥친다고 해도 추억을 빼앗기는 일은 없을 것이다.

20초면 충분하다

무슨 일이 있어도 몸만 무사하다면 나는 언제든지 이동할 수 있다. 이사하는 데 30분도 채 걸리지 않았을 정도다. 집에는 이미 중요한 물건이 없다. 뭐든지 다시 사야 할 것 같은 물건밖에 없고 만일 없어진다고 해도 집착하지 않을 물건들뿐이다.

애니메이션 〈천공의 성 라퓨타〉에서 해적 도라는 주인공 파즈에게 "40초 안에 준비해!"라고 말한다. 영화 〈우주전쟁〉에서 톰 크루즈는 에어리언의 공격에서 도망치기 위해 아이들에게 "60초 안에 준비해!"라고 소리친다. 내게는 그 시간조차 필요 없다. 비행기에 들고 탈 수 있는 여행 가방에 중요한 물건과 최소한의 갈아입을 옷을 항상 넣어둔다. 자다가도 여행 가방 하나만 꺼내 20초도 안 되어 준비를 마치고 현관을 나설 수 있다.

물건을 줄이면 지진의 피해도 줄어든다. 무슨 일이 일어나도 리스크가 작고 바로 이동할 수 있다. 이런 생각이 또다시 내 삶에 안도감과 활력을 불어넣는다.

10

인간관계가 달라진다

누구도 자신이 받은 것으로 인해 존경받지 않는다.
존경은 자신이 베푼 것에 대한 보답이다.
_캘빈 쿨리지

사람이 물건으로 보일 때

내가 무척 좋아하는 책 중에 《상자 밖에 있는 사람》 시리즈가 있다. 인간관계가 왜 꼬이는지, 잘못 꼬인 관계를 어떻게 회복해나가야 하는지를 설명한 책이다. 책에는 이런 예가 자주 나온다. 맞벌이로 일하며 둘 다 바쁜 부부가 있다. 세탁물을 본 남편은 순간적으로 아내가 하지 않아도 되게끔 미리 개켜놓아야겠다고 생각했다. 하지만 갑자기 마음이 바뀌어 그만두었다(순간적으로 다정한 마음에 등을 돌리는 것을 '자기 배신'이라고 부른다). 자기도 모르게 들었던 자상한 마음을 외면한 것이다. 그러고는 곧 자신의 행동을 합리화하기 시작했다.

"내가 더 바쁘고 피곤에 지쳐 있어." "내 일이 아니니까." "내가 한 적이 더 많거든." 그러면서 아내를 비난한다. "야무지지를 못해." "내가 아무리 도와줘도 고맙다는 말 한마디도 없잖아." "아내로서 실격이야."

처음에 생겨난 자상한 마음을 배신한 남편은 세탁물을 개지 않은 자신을 정당화하기 시작하고 아내가 잘못했다고까지 생각하게 되었다. 아내는 아내대로 세탁물을 본 순간 똑같이 개려는 마음이 들었지만 아무것도 하지 않는 남편을 보자 잔소리를 하기 시작했다. 이런 식으로 악순환이 시작된다. 서로 자신을 정당화하면서 상대를 부당하게 여기면 인간관계는 점점 꼬일 뿐이다.

이 시리즈는 정말 굉장한 책이니까 꼭 읽어보길 바란다. 이 책의 한 가지 결론은 사람을 물건으로 보지 말라는 것이다. 우리는 매일 얼굴을 맞대고 사는 가족이나 회사 동료, 가까운 이웃을 무의식중에 고정된 물건처럼 보게 된다. 매일 얼굴을 마주하는 사람과 대화를 주고받다 보면 늘 한결같은 시시한 반응과 그 사람다운 대답이 돌아오므로 어느새 물건처럼, 마치 고성능 로봇처럼 대하기 십상이다. 사람이 물건처럼 보이면 당연히 소홀해질 수밖에 없다.

서로가 서로를 물건처럼 여기기 때문에 인간관계가 고정되고 개선되지 않는 것이다. 타인은 자신과 똑같이 소중하고 욕구가 있는 존재, 고충과 걱정거리를 안고 있으며 공포심이 있는 존재다. 자신의 생각을 배신하지 않고 다른 사람을 배려한다면 관계는 달라질 것이다. 사람을 물건이 아닌 사람으로 봐야 한다.

물건이 적으면 싸움이 적은 이유

앞서 언급한 사례에서는 세탁물이 부부의 관계를 꼬이게 한 화근이 되었다. 그러면 부부가 갖고 있는 옷 자체가 적어 옷가지를 개야 하는 일거리가 적었다면 어땠을까?

나는 물건을 줄이고 나서 청소와 세탁 그리고 설거지까지 매우 좋아하게 되었다. 귀차니즘 왕국의 대사였던 내가 물건을 줄이자 집안일이 손쉽고 즐거워졌다. 나는 삼십대 중반의 미혼이지만 물건이 적고 작은 집이라면 앞으로도 계속 청소를 즐길 것이다. 만일 나중에 아내가 생겨 걸레질하는 것을 보게 된다면 "아, 또 방을 닦으면서 자신을 갈고닦으려 하는구나! 혼자 하다니 치사해!"라고 생각할지도 모른다.

내가 만난 미니멀리스트들도 모두 물건을 줄이니 가족 간에 싸움도 줄었다고 한다. 책 첫머리에 등장한 오후미 부부도 물건을 버리고 나서 부부 싸움이 줄었다고 한다. 야마 가족의 이야기도 무척 흥미롭다. 원래는 두 아이의 방을 따로 마련해주었는데 서로 자기 방에 들어오지 못하게 하는 것은 물론, 더 좋은 방을 차지하겠다고 매일같이 싸웠다고 한다. 하도 싸움이 끊이질 않아 방을 하나로 합쳐주었더니 더 이상 싸우지 않는다고 한다. 아이들도 "이게 더 좋아요. 고맙습니다." 하면서 싱글벙글하는 모양이다.

물건이 많으면 평소 집안일에 들이는 에너지가 너무 크다. 그로 인해 스트레스를 받으면 마음이 초조해지고 도와주지 않는 상대를 비난하기도 한다. 그래서 물건을 가능한 한 줄이는 편이 사람과의 관계를 돈독하게 한다. 설령 싸움을 하더라도 화풀이할 물건이 없다. 뒤집어엎을 밥상도, 깨뜨릴 램프도 우리 집에는 없다.

작은 집은 범죄를 막는다

작은 집은 범죄를 막는다고들 말한다. 실제로 흉악한 감금 사건의 방 배치를 보면 알 수 있듯이, 가족 누구와도 함께하지 않고 각자 자신의 방으로 들어가는 집이나 다른 가족이 무엇을 하고 있는지 알 수 없는 넓은 집은 위험하다. 일본에서는 아이의 방이 따로 없으면 안 된다는 환상이 뿌리 깊다. 그러나 가족들이 함께 생활하는 거실에서 공부하는 아이는 적어도 다른 사람을 성가신 소음처럼 느끼지는 않을 것이다.

웹사이트를 함께 운영하고 있는 누마하타 나오키도 아내와 종종 싸울 때가 있지만 방으로 피해 들어가는 일만은 하지 않기로 약속했다고 한다. 작은 집이라면 가족과 문제가 생겼을 때 자기 방으로 도망가 피할 수도 없다. 오히려 얼굴을 마주하고 문제를 해결하기 위해 이해하려는 동기가 생긴다. 작은 집에서 함께 있기 때문에 서로 마음 편하게 지내고 싶다면 협력해서 어떻게든 그 방법을 찾아내야 한다.

언뜻 보면 장점이 없는 작은 집이지만, 실은 인간관계에서 긍정적인 효과가 있다. 작은 것에도 장점은 있는 법이다. 물건을 버리면 그런 장점이 있는 작은 집에 살 수 있다. 고맙게도 작은 집은 저렴하기까지 하다. 내가 보기에는 장점밖에 없다.

친척 텔레비전 이론

친척과 오랜만에 만나면 공통 화제가 없어 멋쩍어지는 경우가 많다. 그래서 보통은 텔레비전을 보게 된다. 요즘 방송하고 있는 적당한 프로그램을 틀어놓고 방송 내용을 토대로 함께 얘기할 수 있는 화제를 급히 만들어낸다. 이것을 나는 '친척 텔레비전 이론'이라고 부르고 있다.

하지만 내 방에서는 이 친척 텔레비전 이론을 사용할 수가 없다. 내 방의 기능이라고는 침실과 다실뿐이다. 방 배치도 전혀 색다를 게 없고 물건도 아무것도 없어 손님이 오면 처음에는 불편할지도 모른다. "방 구조가 참 좋네요. 이 소파 어디에서 사셨어요?" 같은 대화도 할 수 없다. 텔레비전을 틀고 친척 텔레비전 이론을 실천할 수도 없다. 함께할 수 있는 게임도 없다. 내가 할 수 있는 것은 차를 내오고 그저 이야기를 하는 것뿐이다.

차를 마시는 사람과 차를 끓여 내온 사람이 오로지 서로를 생각하는 것이 차의 본질일 것이다. 그렇게 내 방은 다실이 된다. 다실과 마찬가지로 아무것도 없기에 화제가 이어지지 않거나 좀 어색해도 어쨌거나 마주 앉아 있어야 한다. 다실에 텔레비전이나 라디오가 없다고 화내는 사람은 없을 것이다. 이야깃거리를 찾아가거나 서로가 생각하는 것을 이야기하는 방법밖에 없다.

잘 해나가는 결혼 생활의 비결

미니멀리스트의 집을 방문해 물건이 하나도 없는 방에서 이야기를 나누다 보면 시간이 흐르는 것도 잊는다. 상대에게만 집중해서 이야기할 수 있다. 요즘은 둘이서 탁자에 앉아 있어도 각자 스마트폰을 만지작거리고 있는 광경을 자주 보게 된다. 게임을 하고 있는 건지, SNS 친구와 연락하고 있는 건지 알 수 없지만, 아무것도 없는 방에서 마주 앉아 있는 것과는 완전히 반대의 상황이다. 눈앞의 상대에게 집중하면 사람과의 관계도 달라진다.

결혼 생활을 원만하게 유지하는 비결은 부부가 대화를 많이 나누는 것이라고 한다. 사이좋게 잘 지내는 부부는 그렇지 않은 부부보다 일주일에 다섯 시간은 더 많이 이야기한다는 연구 결과가 있다. 물건이 많은 부부는 물건 때문에 늘어난 일거리로 몹시 바쁘다. 물건 때문에 싸우기도 하고 집이 넓다 보니 각자 자기 방에 틀어박혀 서로 이야기할 시간도 없다.

나는 단지 '사람'일 뿐이다

물건을 줄이고서 나는 스스로에 대한 인식이 달라졌다는 것을 느낀다. 나는 거의 아무것도 갖고 있지 않으며 평소의 복장으로 동네를 슬슬 걸어 다니는, 단지 '사람'이다. 아무것도 소유하지 않고 연못에서 헤엄치고 있는 오리나 거북이와 비슷한 존재다.

나는 나 자신을 사람이라고 생각하게 되면서 다른 사람에 대한 시선도 바뀌었다. 돈이나 물건, 재능을 많이 갖고 있는 사람에게 품었던 질투가 사라졌다. 또한 조금밖에 갖고 있지 않은 사람에 대한 미묘한 멸

시도 사라졌다. 부자나 뛰어난 재능을 지닌 사람을 만나도 자신을 비하하지 않고 대할 수 있게 되었다. 반대로 조금밖에 갖고 있지 않은 사람에 대해서도 자기 책임이라든가 노력이 부족하다고 비난하지 않는다. 갖고 있다고 해서 훌륭한 것도 아니고, 갖고 있지 않다고 해서 못난 것도 아니다. 단지 사람이 사람을 대하는 일일 뿐이다. 그렇게 생각하자 사람들과의 관계도 달라졌다.

갖고 있는 사람과 갖고 있지 않은 사람의 구분에서 벗어나 사람을 오직 사람으로 볼 수 있게 되었다. 이제 누구 앞에서도 나 자신을 부끄럽게 여기는 일은 없을 것이다.

친구가 100명 있다면

일 관계로 만난 사람에게서 들은 이야기다. 자상하고 웃는 얼굴이 멋진 남성이 있다. 정말 인간적인 매력이 넘치는 사람이라 생일 파티를 열면 친구가 100명이나 모인다고 한다. 그는 와인을 좋아해서 친구들 모두 와인을 가지고 온다. 그 이야기를 들었을 때 친구가 적었던 나는 마음속으로 정말 부러웠다. 생일 파티를 열면 좋아하는 친구들이 100명이나 축하하러 온다니. 그만큼 친구가 있으면 고독을 느끼는 일도 적고 어려운 일이 닥치면 도움을 받기도 쉬울 거라고 생각했다.

하지만 조금 더 생각해보면 그는 사흘에 한 번꼴로 친구의 생일 파티에 가야 한다. 100명의 친구 모두가 소중하고 그들이 모두 생일 파티를 연다면 사흘에 한 번은 생일 파티에 참석해야만 할 것이다.

소중한 친구는 세 명이면 충분하다

필요한 친구 수에 관해서 이런 말이 있다.

"친구나 소중한 벗은 마법의 숫자 3, 즉 세 명이면 된다."

서로 깊이 이해하고 사귈 수 있는 친구가 세 명 있다면 주말에 한 명씩 만나도 충실한 한 달을 보낼 수 있다.

그 정도의 간소한 교우관계도 실은 멋진 일이다. 친구가 많아서 인맥이나 유대관계가 넓은 것은 물론 좋다. 그러나 한 명 한 명을 소중하게 대하지 못할 만큼 친구가 많다면 그 관계에서 진정한 행복을 느낄 수 있을까? 미니멀리스트는 적은 물건을 진지하게 마주하고 소중히 대한다. 물건 하나하나에 큰 만족감을 얻는다. 물건이 적다고 해서 만족감이 적은 것은 결코 아니다.

친구가 많으면 자랑은 할 수 있을지 몰라도 소중히 대할 수 없다. 어쩌다 보니 알게 된 사람이나 속마음을 털어놓고 깊은 이야기를 할 수 없는 관계라면 한번 그 관계에서 벗어나보는 것도 좋다. 정말로 소중한 물건은 반드시 되돌아오듯이, 정말로 서로 필요한 관계라면 반드시 관계를 회복할 수 있다.

함께 나눌 때 찾아오는 행복

영화 〈인투 더 와일드〉는 유복한 가정에서 자라 우수한 성적으로 대학을 졸업한 젊은이가 물질만능주의를 부정하고 모든 인간관계를 끊고서 혼자 알래스카로 떠나 야생의 생활을 영위한다는 실화를 바탕으로

하고 있다. 주인공은 비극적인 최후를 맞이한다. "행복이 현실이 되는 것은 그것을 누군가와 함께 나누었을 때다."라는 말을 남기고. 물건이나 물질주의와는 떨어질 수 있어도 혼자서는 살아갈 수 없다는 교훈을 영화의 모델이었던 크리스토퍼 맥캔들리스는 몸소 가르쳐주었다.

세계 최장수 섬의 비밀

맥캔들리스가 알려준 것처럼, 행복의 가장 중요한 요건은 행복을 함께 나눌 수 있는 인간관계에 있다. 그리고 행복한 사람일수록 오래 산다. 심리학자인 에드 디너Ed Diener 교수는 조사 연구의 분석에서 "행복감을 크게 느끼는 사람은 그렇지 않은 사람보다 9.4년 더 오래 산다."고 밝혔다.

이탈리아에 있는 아름다운 사르데냐 섬은 100세가 넘는 고령자의 비율이 4,000명당 한 명으로 세계 평균의 2.5배에 이르는 세계 최장수 섬이다. 그 섬에는 기네스북에 오른 세계 최장수 9형제가 살고 있는 마을이 있다. 이 마을은 사람들 대부분이 온화하고 조용해서 생활하기 편하다고 한다. 주민들은 거의 친척 관계로, 가족이나 친척이 언제나 만날 수 있는 가까운 곳에 살고 있어 든든한 버팀목이 되어주고 애정이 밑받침된 공동체를 이루고 있다.

장수의 고장으로 유명한 일본 오키나와의 마을에도 '한 번 만난 사람은 모두 다 형제'라고 여기는 문화가 있다. 노인은 가까이 사는 자식을 지켜주며 풍요로운 인간관계와 커뮤니티를 이룬다.

행복한 사람일수록 오래 산다. 장수하는 사람들을 조사해보면 거의 예외 없이 풍요로운 인간관계를 구축하고 있다. 물론 친구가 100명이나 되지 않아도 상관없다. 가족이 없는 사람도 있다. 그래도 가까이 사는 사람들과 인연을 맺고 곁에 소중한 친구가 있다면 행복한 삶이라고 수많은 연구 결과가 말해주고 있다.

다른 사람에게 공감하는 미러뉴런

무소유를 설파한 마하트마 간디는 이렇게 말했다.

"자기 혼자만의 즐거움을 위해 물건을 갖기보다는 다른 사람을 위해서 애쓰는 편이 훨씬 더 인생을 풍요롭게 한다."

간디만큼 타인을 위해 생애를 걸고 전력을 다하지는 못해도 확실히 다른 사람을 위해 뭔가를 하면 기쁜 마음이 든다. 다른 사람에게 뭔가를 해주고 그 사람의 활짝 웃는 얼굴을 보면 그동안의 수고를 잊고 기쁜 마음이 드는 것은 왜일까?

타인을 위해 뭔가를 하는 것이 행복으로 이어진다는 사실은 과학적으로도 증명된 바 있다. 바로 미러뉴런Mirror neuron(거울뉴런)이라는 신경세포다. 사람은 누군가가 다치거나 넘어지는 모습을 보기만 해도 "아야!" 하며 자신도 아픈 듯이 느껴지는데, 이는 미러뉴런이라는 신경세포가 작동하기 때문이다. 미러뉴런은 다른 누군가가 뭔가 하고 있는 행동을 보기만 해도 마치 자신이 하고 있는 것 같은 기분이 들게 한다.

많은 사람들이 소설이나 만화, 드라마, 영화 등에 빠지는 것도 바로 이런 작용 때문이다. 주인공에게 슬픈 일이 일어나면 마치 자신에게 일어난 일처럼 슬퍼지고 해피엔딩에서는 자신의 일인 양 기쁘다. 사실이 아닌 이야기에도 감정이입이 되는 것은 미러뉴런이 있기 때문이다. 그래서 상대방이 기뻐하는 얼굴을 보면 자신에게 일어난 일처럼 느끼고 같이 기뻐하는 것이다.

친절과 배려를 부르는 엔도르핀

사람이 사람에게 공감하는 경우가 또 있다. 예를 들어 홍수로 강에 빠진 한 아이를 많은 사람들이 합심해서 구하려는 영상을 보았다고 하자. 그 모습을 보기만 해도 가슴이 아프고 눈물이 난다. 이는 그 사람이 특별히 여린 마음을 가졌기 때문이 아니다. 도우려는 사람들을 보는 것만으로도 뇌 속에서 엔도르핀Endorphin(내인성 모르핀이라는 뜻으로 뇌와 뇌하수체에서 생성되며 모르핀과 같은 진통 효과가 있어 기분을 좋게 하고 통증을 줄여준다—옮긴이)이 분비되기 때문이다.

엔도르핀은 행복감을 느끼게 하는 신경전달물질이다. 사람은 누군가가 서로 돕는 모습을 보기만 해도 행복한 기분이 든다. 물론 보는 것만이 아니라 실제로 행동해도 행복한 기분이 든다. 노인이나 임산부를 위해 지하철에서 자리를 양보하거나 앞에서 걸어가는 사람이 물건을 떨어뜨려서 알려주었을 때 기분이 좋아진 경험을 누구나 해봤을 것이다. 작은 친절을 베푼 후에 드는, 뭐라 표현할 수 없는 뿌듯한 마음이다. 이는 우리 안에서 행복을 느끼는 물질이 분비되었기 때문이다.

사람에게는 다른 사람에게 공감하고 남에게 친절하게 대함으로써 행복을 느끼는 애플리케이션이 원래부터 기본으로 장착되어 있다. 무리 속에서 생활하는 사회적 동물이기에 남을 위해 뭔가를 하면 행복을 느끼도록 프로그래밍이 되어 있다. 이런 사실에서 보면 선이나 위선의 구분은 아무런 의미도 없다. 다른 사람을 위해 뭔가를 하는 것이 분명 자신에게 유익한 일이기 때문이다. 즉, 자신을 위해 뭔가 해준 것이라고 해도 실제로 그 일은 상대에게 도움이 된다.

물건을 줄이면 인간관계까지 달라진다. 사람에게는 물건이 없어도 행복을 느낄 수 있는 메커니즘이 단단히 갖춰져 있다.

11
지금 이 순간을 즐긴다

미래를 두려워할 것이 아니라
지금 여기에서 완전히 살고 있지 않음을 두려워해야 한다.
_《아직 나를 만나지 못한 나에게》 중에서

미래에 대한 두려움

나는 물건을 많이 버렸다. 언젠가 사용할지도 모르는 물건들까지 버렸다. '언젠가'라는 미래를 벗어던진 것이다. 그러자 신기한 일이 일어났다. 나는 미래의 일을 생각할 수 없게 되었다. 마치 미래라는 가게의 셔터를 내린 것처럼 미래를 생각하려고 해도 할 수 없게 되었다. 다만 물건을 버렸을 뿐인데 말이다.

예전에는 완전히 반대였다. 나는 장래에 대해 불안한 생각만 하고 있었다. 사양 산업인 출판을 직업으로 선택했고, 편집자로서 그다지 잘나가지도 못하고 업무의 폭은 좁았다. 여차하면 이 자리마저 잃을 것만 같았다. 나이도 삼십대 중반이니 이직하기도 힘들고, 결혼도 하지 않았고 아이도 없었다. 친한 친구도 별로 없었다. 나를 기다리고 있는 것은 고독사뿐인가? 그렇게 미래에 대한 불안으로 가득 차서 잔뜩 겁을 먹고 있었다.

더럽지 않은 그릇은 씻지 마라

지금 생각하면 완전히 어떻게 되었던 것 같다. 나는 데일 카네기가 쓴 《데일 카네기 자기관리론》에 나오는 "더럽지도 않은 그릇을 씻으려고 하지 마라."는 문구를 좋아한다. 오늘 하루에 씻어야 할 그릇은 단 하루치뿐이다. 내일 씻을 그릇이나 모레의 그릇 그리고 1년 치의 그릇을 씻을 일까지 미리 생각하기 시작하면 누구나 질리고 불안해져서 오늘의 그릇을 씻는 일조차 자신이 없어진다. 미래의 실업, 결혼, 아이를 갖는 일, 나이 들어 병드는 것, 고독사 등을 생각하며 불안해하는 것은 마치 더러워지지도 않은 미래의 그릇을 설거지할 걱정에 빠져 있는 것과 같다.

물건을 버리는 일에서 나는 중요한 것을 배웠다. 언젠가 필요할지도 모르는 물건은 필요하게 되었을 때 구하면 된다. 한번 버려보고 아무래도 상황이 좋지 않거나 필요한 물건이었다는 것을 깨달으면 다시 그때 손에 넣으면 된다.

나는 어쩌면 실직할지도 모르고, 고독사로 세상을 떠날지도 모른다. 하지만 그에 대한 걱정은 실직했을 때 그리고 고독사하게 될 때 하면 된다는 걸 깨달았다. 아인슈타인은 이렇게 말했다.

"왜 자신을 책망합니까? 필요할 때 누군가가 확실히 꾸짖을 테니 그걸로 괜찮지 않을까요?" 그때 스스로 뉘우치면 되는 거였다.

현재에 몰두하라

나는 물건을 버릴 때마다 몇 번씩, 지금 필요한지 아닌지 스스로 물었다. '지금'을 계속해서 묻고 '언젠가'를 없애가면서 간신히 '지금'에만 초점을 맞출 수 있게 되었다. '언젠가'라는 미래에는 셔터를 내렸고 이제는 생각하려고 해도 생각할 수 없게 되었다. 이제 나는 매일 더러워진 하루치의 그릇을 씻을 뿐이다. 미래의 일을 생각하지 않고 지내자 다시 편해졌다. 현재에 몰두할 수 있게 되었다.

미래와 과거의 물건 버리기

마찬가지로 '예전에' 필요했던 물건도 이제는 아무것도 갖고 있지 않다. 지금 필요한지 어떤지를 계속 질문한 결과, 과거에 중요하게 여겼던 물건, 옛날에는 어떻게든 갖고 싶었던 물건도 지금은 없다. 예전에 나 자신의 일부라고 믿었던 물건도 없다.

이제 나는 아무것도 없는 오직 '사람'이다. 나의 정체성을 보증해주는 물건은 아무것도 갖고 있지 않다. 예전에 나는 내가 음침하고 폐쇄적인 인간이라고 생각했는데, 그것을 증명해줄 수 있는 물건도 없다. 물건을 버리면 예전의 싫은 나 자신에게 얽매여 있지 않아도 된다.

'언젠가'라는 미래에 필요한 물건과 '예전에'라는 과거에 필요했던 물건을 버려라. 그러면 현재만이 남는다. 물건을 버림으로써 현재에 집중할 수 있다.

경험할 수 있는 것은 현재뿐

인간만이 동물 중에서 유일하게 미래를 예측할 수 있다. 하지만 앞에서도 설명했듯이 그 기능은 아주 가까운 미래에만 유효하다. 적에게서 도망치는 것이 5초 후에 어떤 결과를 낼지, 어느 방향으로 움직이면 사냥감을 쫓을 수 있을지 같은 원시적이고 아주 가까운 미래만을 예측할 때 유효하다. 아이폰을 손에 넣은 직후의 기분은 상상할 수 있어도 1년 후 아이폰을 꺼냈을 때의 기분을 정확히 예측할 수 있는 사람은 없다.

우리는 미래를 예측하고 이에 따라 여러 가지 면밀한 계획을 세운다. 그러면 왠지 미래가 있는 것 같은 기분이 든다. 하지만 미래를 경험할 수 있는 사람은 이 세상에 단 한 명도 없다. 5초 후의 미래라면 경험할 수 있을 것 같기도 하다. 좋았어, 눈을 감고 5초 기다려보자. 5초 후 경험할 수 있는 것은 현재다. 여전히 미래를 경험할 수는 없다.

또한 과거의 경험을 지금 느끼는 경험과 똑같이 생생하고 또렷하게 경험할 수 있는 사람도 없다. 생각해낼 수 있는 것은 편집된 기억의 하이라이트뿐이다. 지금과 똑같이 오감을 통해 과거를 경험할 수 있는 사람이 있다면 당장 그것을 직업으로 삼으면 좋을 것이다.

미래와 과거는 실제로 존재하지 않으며 영원한 현재만이 존재한다. 우리가 경험할 수 있는 것은 오직 '지금'뿐이다. 아마도 아인슈타인은

이 사실을 알고 우리가 과거와 미래와 현재를 구분할 수 없다고 말한 게 아닐까.

영원히 한숨만 쉬며 살고 싶은가?

미래를 경험할 수 있다고 믿는 사람은 현재를 소홀히 한다. 가치 있는 미래를 위해 지금은 힘들어도 참아내며 미간에 주름을 짓는다. 하지만 경험할 수 있는 것은 현재밖에 없기 때문에 지금 미간에 주름 짓고 있는 사람은 앞으로 모든 상황에서 계속 미간에 주름을 지을 것이다.

지금 한숨을 쉬고 있는 사람은 일생동안 계속 한숨을 쉬게 된다. 만일 뭔가 달라지고 싶다면 지금 이 순간부터 달라지기 시작해야 한다. 내일도, 다음 주도 실은 존재하지 않는다. 내일이 와도 '지금'이다. 1년 후도 다가오겠지만 그 역시 현재다. 모든 것은 지금이다.

나는 미래를 위해 모아둔 물건과 과거를 위해 가지고 있었던 물건을 많이 버리고 나서 현재의 일만 생각하게 되었다. 미래의 뭔가를 두려워하는 일은 이제 없을 것이다. 물건이 없으면 홀가분하다. 무슨 일이 일어나더라도 어떻게든 된다. 어떠한 생활을 하든 다른 사람과 비교하는 일도 이젠 없다. 가난하든 슬프든 그것을 맛보게 될 것이다. 어떤 일이 일어나든 그저 현재를 체험할 수 있으면 된다.

12

감사하는 삶을 산다

인생을 살아가는 데는 오직 두 가지 방식이 있을 뿐이다.
하나는 기적 같은 건 없다고 믿는 삶,
다른 하나는 모든 일이 기적이라고 믿는 삶이다.
_알버트 아인슈타인

물건이 적으면 감사하는 마음이 싹튼다

조금 지난 일이다. 많은 물건을 버리고 나서 방이 꽤 깔끔한 상태가
되었다. 여느 때처럼 자려고 누웠는데 희한한 감정을 느꼈다. 왠지 지
금 가지고 있는 물건에 대해 감사한 마음이 넘쳐났다. 늘 '더, 더!' 하면
서 물건을 끝없이 탐닉했을 때는 맛보지 못했던 기분이었다.

내게 부족한 물건만을 손꼽던 시절에는 지금 갖고 있는 물건에 대해
조금도 감사하다는 마음이 들지 않았다. 감사는커녕 부족한 것만이 눈
에 띄었다. 하지만 이것저것 없는 것뿐이라고 생각하던 방 안에는 사실
침대가 있고 책상이 있었으며 에어컨까지 있었다. 지금은 감사하는 마
음이 넘쳐난다. 내게는 푹 잘 수 있고 샤워를 할 수 있으며 식사를 만들

수 있고 취미도 즐길 수 있는, 안심하고 편하게 쉴 수 있는 방이 있다. 그리고 비와 바람을 막아주는 벽과 천장이 있다.

물건을 계속해서 많이 가지고 있었다면 이렇게 감사하는 마음은 결코 들지 않았을 것이다. 텔레비전, 게임기, 블루레이 디스크 레코더(BD 레코더) 그리고 홈시어터와 각종 리모컨 등에 일일이 감사하기도 어렵다. 하지만 물건이 적으면 감사할줄 알게 된다.

감사하는 마음은 새로운 자극을 부른다

앞서 설명했던 '익숙함'에서 '싫증'으로 이어지는 메커니즘에 대항할 수 있는 것은 오직 감사뿐이다. 감사하는 마음은 당연한 일을 당연하지 않게 보게 한다. 지금 갖고 있는 물건을 당연하고 시시한 물건으로 보는 것을 막아주며, 싫증 난 물건을 고맙게 여기고 신선한 기분으로 일상을 돌아보게끔 해준다. 감사하는 마음이 새로운 자극을 만들어내는 것이다. 물건을 새로 사거나 늘리는 자극보다 확실히 편안하고 기분이 좋다. 아무리 물건을 늘려도 감사하는 마음이 없으면 모두 싫증 난다. 반대로 아무리 물건이 적어도 감사하는 마음이 있으면 얼마든지 만족할 수 있다.

식사 전 감사 기도의 힘

선禪에서는 식사 전에 하는 다섯 가지 기도가 있다. 쉽게 현대어로 표현하면 다음과 같다.

① 눈앞에 있는 식사의 내력을 생각한다(어떻게 재배하고 조리한 음식인지, 누구의 어떤 수고를 거쳐 여기까지 오게 된 음식인지 각 과정을 생각해본다).

② 오늘 이 식사를 할 자격이 있을 만큼 덕과 행을 쌓았는지를 자문한다.

③ 음식을 탐하거나 욕심부리지 않으며 다른 것은 생각하지 않고 눈앞의 식사에만 집중한다.

④ 맛있는지, 맛없는지 미식가의 기준으로 음식을 대하지 않고 생명을 유지하기 위해 먹는다.

⑤ 자신이 끝까지 해내고 싶은 목표를 위해서 이 식사를 한다.

식사 전 감사 기도는 강력하다. 값비싼 고급 레스토랑에 1,000번 가는 것보다 1,000번의 식사 때마다 이 기도를 하면서 자문해보는 것이 훨씬 더 만족스러운 기분이 든다. 그러면 식사에만 집중할 수 있고 먹을 음식이 있다는 사실에 감사하게 된다. 그뿐만 아니라 식사 때마다 자신의 몸가짐을 확인할 수 있다.

스티브 잡스는 매일 아침 거울을 보면서 '오늘이 내 삶의 마지막 날이라고 해도 오늘 예정한 대로 움직일 것인가?'라고 자문했다. 그리고 이 질문을 33년 동안이나 계속했다고 한다. 잡스는 매일 자신이 철저히 하고 있는지를 확인하고 자신의 행동을 돌아보았다.

나는 맛있는 음식을 추구하는 일은 이미 졸업했다. 원래는 맛있는 음식을 무척 좋아하고 안전한 식재료에 관심이 많았다. 하지만 이제 맛있는 음식점을 소개하는 사이트를 검색하는 시간을 줄이고 싶다. 남들이 나를 미식가라고 생각하지 않아도 상관없다. 식사에 대해 감사하는 마음만 잊지 않으면 어떤 음식이 나와도 식사에 집중하며 감사히 먹을 수 있다.

감사하는 때야말로 행복하다

나는 감사의 힘이 얼마나 강력한지를 깨달았다. 초등학교 도덕 시간에도 항상 감사의 중요성을 배웠지만 까맣게 잊고 있었다. '감사'라는 흔하디흔하고 시시한 말이 이렇게나 중요하다는 사실을 잊고 살아왔다. 감사의 중요성을 깨닫게 되기까지 꽤 멀리 돌아온 것 같다. 앞으로는 감사하는 습관을 들이자고 결심했다.

그러던 어느 날 사토 미쓰로さとう みつろう의 《하느님과의 수다》라는 책을 읽고 다시 한번 바뀌었다. 그 책에는 이렇게 쓰여 있었다.

"감사하는 때야말로 행복하다."

나는 나도 모르게 "행복해!"라고 내뱉을 수 있는 상황을 생각해보았다. 고급 료칸에서 넓은 노천 온천탕에 들어간다. 목욕이 끝나면 둘이 먹다 하나가 죽어도 모를 정도로 맛있는 식사를 한다. 이럴 때는 아마도 누구나 감사한 마음이 들지 않을까?

고급 료칸이나 아름다운 노천탕, 맛있는 식사, 좋은 환경을 제공받으면 감사는 자연히 드러나기 마련이다. 그리고 자신도 모르게 "행복해!"

라고 말한다. 이 행복한 감정 속에는 분명 감사하는 마음이 들어 있다. 따라서 감사는 수단이 아니다. 감사는 행복의 일부이며 행복 그 자체다. 심리학 실험에 따르면 감사하는 횟수가 많은 사람일수록 행복한 것으로 밝혀졌는데 이는 당연한 일이다. 감사 자체가 행복이기 때문이다.

감사한다는 것은 긍정적으로 본다는 것

감사는 매사를 긍정적으로 보는 일이기도 하다. 컵에 남아 있는 절반의 물을 보고 '절반이나 있네!'라고 생각하는 사람과 '절반밖에 없네!'라고 생각하는 사람이 있다. 컵에 물이 절반이나 있다고 긍정적으로 보는 것이 감사의 본질이다. 컵에 물이 절반이나 있다니 고마운 일이라고 여기는 마음, 부족한 물건을 보고 부정적으로 생각하는 것이 아니라 눈앞에 있는 물건으로 충분하다고 생각할 수 있는 마음이 감사다. 감사는 모든 것을 긍정적으로 보는 일이다.

지금, 감사하는 마음을 가져라

앞에서도 언급했듯이 사람은 현재밖에 경험할 수 없다. 과거는 현재처럼 오감을 통해 생생하게 경험할 수 없다. 미래는 경험할 수 있을 것 같지만 막상 도달해보면 기대했던 미래는 모두 현재다. 따라서 사람이 경험하고 느낄 수 있는 것은 현재뿐이다. 이 현재와 매사를 긍정적으로 보는 감사를 조합하면 어떻게 될까?

시험 삼아 1분 동안 도전해보자. 1분간 현재에 대해 감사해보자. 아마도 1분간의 모든 현재를 줄곧 긍정적으로 볼 수 있을 것이다.

지금 나는 심야의 패밀리 레스토랑에 있다. 패밀리 레스토랑에 있는 손님은 나 한 사람뿐이라 쓸쓸하지만, 나만을 위해서 이렇게 심야에까지 문을 열고 있다. 입고 있는 옷은 언제나 같은 옷이지만 몇 번 입어도 착용감이 정말 좋다.

점원은 무뚝뚝하지만 나만을 위해서 열심히 요리를 가져다주고 "천천히 드세요."라는 따뜻한 말도 해주었다. 앉아 있는 소파는 특별할 것 없이 변변찮지만 오랜 시간을 앉아 있어도 피로하지 않아 고맙다. 드링크 바의 메뉴는 여느 때와 같지만 얼마든지 먹을 수 있으며 컵도 청결하다.

패밀리 레스토랑을 나오자 커플들이 길을 걷고 있어 부러운 마음이 들지만 생각해보면 내게도 멋진 추억이 많이 있다.

지금 나는 출근하고 있다. 매일 지겹기 짝이 없는 출근길이다. 앞의 승객이 교통카드 잔액 부족으로 개찰구를 빠져나가지 못하고 있다. 하지만 이 교통카드는 정말로 편리하고 근사한 발명품이다. 에스컬레이터의 양쪽을 차지하고 있는 일행 두 명이 있다. 이 한쪽을 비워두는 일본의 문화는 얼마나 덕이 높은가. 전차를 타니 사람들로 꽉 차 있다. 아니, 사람이 많아서 고맙다. SF 영화처럼 모두 절멸된 세상에 나 혼자 살지 않아서 다행이다.

오늘은 상당히 덥다. 하지만 회사에 가면 선풍기도 에어컨도 켜져 있겠지. 남에게 자랑할 수 있는 만큼 급여가 많지 않다. 하지만 매월 충분한 급여를 받고 있다.

오늘도 늘 같은 업무다. 하지만 집중하면 즐겁고 충실감도 느낄 수 있다. 거래처의 젊은 담당자가 늘 그랬듯이 전화로 불평을 해 댄다. 그것을 자신의 양식으로 삼으면 그만이다. 상대도 피곤할 것이다.

후배가 일을 더 야무지게 했으면 좋겠다. 하지만 언제나 내 일을 불평 없이 도와준다. 연일 늦게까지 일하느라 피로가 쌓여 있다. 하지만 병이 난 것도 아니고 아직 건강하게 일할 수 있다.

나는 무척이나 많은 행복을 느낀다. 여러분은 어떤가? 이런 식으로 현재에 감사해보자. 모든 현재를 긍정적으로 보는 사람이 어떻게 될지는 명확하다. 긍정적이고 너그러우며 체념하지 않는다. 친절하고 다정하며, 무엇보다 항상 행복해 보인다. 언젠가는 현실을 바꿀 수 있을 것이다.

Minimalist

제5장

행복은
느끼는 것이다

자기가 바라는 것을 갖는 건 커다란 행복이다.
그러나 자기가 가지고 있는 것 외에
아무것도 바라지 않는 게 더 큰 행복이다.

_메네뎀

．
．
．

미니멀리스트가 된 후의 12가지 변화가
어떻게 행복으로 이어졌는지 되짚어보자.

행복의 모범 답안을 버려라

다양한 삶의 방식이 허용되는 사회라고는 하지만 아직은 '이렇게 살아야 한다.'는 행복의 본보기 같은 것이 존재한다. 정규직으로 회사에 들어가고 결혼해서 가정을 꾸리고 아이를 둘이나 셋 정도 낳는다. 늙어서는 재롱부리는 손주의 얼굴을 본다. 이렇게 살아야만 행복해진다는, 이것만 달성하면 행복해질 것 같은 목표다.

새로운 행복을 찾는 긍정의 심리학에서 주장하는 것은 '이렇게 살아야 한다.'고 믿는 것들과는 완전히 다른 형태의 행복이다. 심리학자 소냐 류보머스키 교수는 행복의 50퍼센트는 유전, 10퍼센트는 환경에 영향받으며 남은 40퍼센트는 매일의 행동에 좌우된다고 주장한다. 10퍼센트의 환경에는 살고 있는 장소와 집만이 아니라 부자인지 가난한지, 건강한지 병이 있는지, 기혼자인지 이혼 경험자인지 등 온갖 요소가 포함되어 있다.

그러나 실제로 우리 눈에 평범해 보이는 행복의 구성비는 90퍼센트가 환경이고, 10퍼센트가 유전이 아닐까? 누구나 복권에 당첨되어 돈만 많이 생기면 행복해진다고 믿고 있는 듯하다. 아니면 90퍼센트가 유전이고, 10퍼센트 정도가 환경인 건 아닐까? 태어날 때부터 유복한 가정에서 자라고 외모도 수려하다면 나머지 10퍼센트인 환경쯤은 어떻게든 손에 넣을 수 있을 것 같다.

———

행복의 DNA는 존재하는가?

여기서 유전은 타고난 외모나 운동신경, 지능을 말하는 게 아니다. 이는 다른 환경에서 자란 일란성 쌍둥이의 연구를 통해 사람에게 각각 행복의 '기준점'이 있다는 사실이 밝혀진 데서 비롯되었다. 사람에 따라 체중의 기준점이 있어 다이어트를 해도 그 체중이 유지되듯이, 아무리 좋은 일이 있어도 비참한 일을 당해도 행복은 그 사람의 기준에 따라 다르게 느껴진다.

행복을 구성하는 50퍼센트는 유전이다. 이는 태어날 때부터 미인 또는 미남이라거나, 몸매가 좋거나 나쁘다는 것과는 전혀 다른 유전을 말한다. 아이들은 외부의 어떤 영향도 받지 않은 시기에 이미 성격을 가지고 있는데, 그중에는 늘 웃는 아이가 있다. 그 아이는 웃는 얼굴로 누군가를 조종하려는 것도 아니고, 웃는 얼굴이 행복을 위해 필요한 요소임을 알고 웃는 것도 아니다. 날 때부터 웃는 걸 잊지 않은 것이다. 이런 아이가 그대로 어른이 되면 어떤 환경에서도 웃는 얼굴로 살아가는 긍정적인 사람이 된다. 그런 사람은 언제든지 주변을 밝게 한다. 유전적으로 행복을 타고난 사람은 분명히 있다.

환경의 영향

반면에 환경은 10퍼센트밖에 행복에 영향을 미치지 않는다고 한다. 최소한의 안전과 식사, 잠자리만 확보할 수 있으면 그렇지 않은 경우에 비해 행복이 극적으로 커진다고 알려져 있다. 거기까지는 행복을 돈으로 살 수 있다. 그 후의 환경 차이는 행복에 조금밖에 영향을 미치지 않는다. 하지만 수입이나 직업, 살고 있는 집, 결혼 여부, 자녀의 유무 등 행복을 크게 좌우할 것으로 여겨지는 환경이 왜 10퍼센트밖에 영향을 미치지 못하는 것일까? 이상하지 않은가?

엄청난 부자든 찢어지게 가난하든, 남태평양 아름다운 섬의 호화 주택에 살든 추운 나라의 단칸방에 살든 행복에는 10퍼센트밖에 영향을 주지 않는다. 이 모든 것에 인간은 곧 익숙해지기 때문이다. 그리고 인간은 먼 미래를 예측할 수 없다.

남쪽 섬나라의 호화 주택에 살기 전에는 그곳에서 살기 시작한 첫날의 기분밖에 상상할 수 없다. 호화 주택에서 사는 데 익숙해진 일주일 후의 기분은 물론, 그곳에 사는 게 싫증 난 1년 후의 기분도 도저히 상상할 수 없다. 그래서 환경은 행복에 10퍼센트밖에 영향을 미치지 못하는 것이다.

행동에 좌우되는 40퍼센트의 행복

사람은 인생의 목표라고 할 만한 큰 성공에도 금세 익숙해지며, 인생을 망쳐버릴 정도의 불운에도 눈 깜짝할 사이에 적응하고 극복해낸다. 이는 행복에 관한 다양한 조사에서 나온 결과다.

처음에는 자신에게 생긴 큰일을 차이로 인식하고 자극을 느낀다. 예를 들어 복권에 당첨되면 처음엔 굉장히 기쁠지도 모른다. 심각한 병에 걸리거나 사랑하는 사람을 잃으면 평생토록 불행할 것 같은 슬픔을 느낀다. 하지만 다른 사람이 보면 행복하게 보이는 일도, 불행하게 보이는 일도 곧 본인에게는 당연한 체험이 되어 생각했던 것보다 빠른 속도로 그 상황에 익숙해진다.

좋은 학교를 나와 좋은 기업에서 일하고, 결혼해서 아이도 갖고 집을 사고, 노후를 위해 저축도 착실히 하고 손자의 얼굴까지 본다면 정말로 행복할 것 같다. 그것이 행복의 본보기다. 하지만 아무리 행복의 본보기를 달성했다고 해도 그 상태에는 모두 익숙해지고 만다.

그리고 남은 40퍼센트의 영역이 있다. 이 40퍼센트는 다름 아닌 자신의 '행동'으로 달라질 수 있다. 굉장히 희망적이고 신뢰가 가는 수치 아닌가? 행동으로 10퍼센트밖에 바꿀 수 없다면 의욕이 솟지 않을 것이다. 그 미미한 확률에 매달리느니 차라리 집에서 잠이나 자는 편이 낫다. 반대로 90퍼센트가 달라진다고 하면 아무래도 신뢰하기 어렵다.

264

자신의 행동으로 바꿀 수 있는 40퍼센트의 행복, 왠지 용기가 불끈 솟아나는 수치다.

우리는 '행복해질' 수 없다

"이제 아이만 생기면 나는 행복해질 거야."

　내게 이렇게 말한 사람이 있었다. 대부분의 사람들이 이런 식으로 행복을 생각하고 있는 것은 아닐까? 즉, 어떤 조건을 달성하기만 하면 행복해질 거라고 생각하는 것은 아닐까? '행복 산'의 정상에 오르기만 하면 그 산을 끝까지 오른 사람에게 행복이 제공된다거나 '행복 마라톤대회'에서 결승 테이프만 끊으면 행복이라는 이름의 메달을 받는다고 말이다. 하지만 행복은 그런 정상이나 목적지 같은 형태가 아니다.

　그래서 행복해지는 것은 불가능하다. 순간적으로 느낀 행복에도 금세 익숙해지고 당연한 일상이 되고 말기 때문이다. 6억 엔의 복권에 당첨되는 것은 대단한 행운이다. 시시한 직장을 그만둘 수 있고 장래의 불안에 겁먹을 일도 없어진다. 모든 쾌락을 주저 없이 맛볼 수 있을 것만 같다. 당첨되면 확실히 인생은 달라질지도 모른다.

　몇 번이나 말하지만, 6억 엔에 당첨되기 전에는 당첨되고 1년 후의 기분을 정확히 상상할 수 없다. 우리는 달라진 인생에 곧 익숙해진다. 자신에게 부족한 것은 오로지 아이뿐이라고 생각하던 사람은 아이가 생기고 난 3년 후의 기분을 상상할 수 없다. 행복은 익숙해지는 것이 아니다. 행복의 본보기를 그대로 따라 한 포상으로 행복이 주어지는 것도 아니다.

행복은 느끼는 것

행복해지는 일은 없다. 행복은 그때마다 '느끼는' 수밖에 없다. 그리고 인간이 경험할 수 있는 것은 현재라는 시간뿐이다. 오직 지금 이 순간의 행복을 느낄 수 없는 사람은 내일도 모레도, 1년 후에도 행복을 느끼지 못한다. 내일도 모레도, 1년 후에도 찾아오는 것은 미래가 아닌 현재이기 때문이다. 하지만 뒤집어 말하면 우리는 바로 지금부터 언제든 행복을 느낄 수 있다.

행복은 마음이 결정한다

앞서 행복에 관한 다양한 심리학 연구 성과를 소개했는데, 이런 연구에서 행복을 측정하는 방법은 매우 간단하다. 바로 본인에게 직접 묻는 것이다. "긴 안목으로 보아 당신은 인생에 만족하고 있습니까?"라고 물을 때 실험 대상자가 행복한 마음이 들면 뇌에서 신경전달물질이 나온다. 이 물질을 측정하면 그 사람이 행복한지 아닌지를 알 수 있다. 하지만 측정한 순간에는 그 물질이 검출되었다고 해도 그 사람이 미래에도 행복할지 아닐지는 알 수 없다. 긴 인생의 행복을 재는 일은 영원히 불가능하다. 따라서 행복은 자신의 신고로만, 즉 자신이 행복하다고 느껴야만 비로소 측정할 수 있다.

'행복은 자신의 해석에 달렸다.'

'행복은 바깥에 있는 것이 아니라 자신의 내면에 있다.'

'행복은 자신의 마음이 결정한다.'

행복에 관한 수많은 격언을 되새겨보니 역시 맞는 말이다. 그렇다. 행복은 자기신고제로밖에 측정할 수 없다. 남이 보기에는 어떤 괴로운 상황에 있어도 나는 지금 행복하다, 나는 선택받은 사람이다, 지금의 환경에 감사한다고 말할 수 있다면 그 사람은 행복하다. 이것이야말로 행동이 행복의 40퍼센트를 차지하는 이유다.

우리는 조건을 달성함으로써 행복해지는 것이 아니다. 행복은 지금 이 순간에 느껴야 한다.

———

지금, 눈앞의 사람이 가장 소중하다

나는 물건을 최소한으로 줄임으로써 깨달았다. 그리고 행복을 지금 느끼는 일이 가능해졌다. 환경이 행복을 10퍼센트밖에 좌우하지 않는다면 방에 물건을 많이 쌓아두든, 아무것도 없는 미니멀리스트의 방이든 나의 행복은 10퍼센트밖에 달라지지 않는다. 내가 행복하다고 느낄 수 있게 된 것은 물건을 줄임으로써 40퍼센트의 행동이 달라졌기 때문이다.

행동을 바꾸기 위해 물건을 최소한으로 줄인다는 발상이 내게는 딱 맞았다. 물건을 최소한으로 줄이고서야 비로소 나의 행동이 달라지기 시작했다. 행복의 모범 답안을 따라갈 수 없었던 자신에게 실망해 늘 부족한 물건만 찾던 내가 미니멀리스트가 된 것은 필연적이었다.

지금 나는 예전보다 큰 행복을 느끼면서 살아가고 있다. 나는 내성적인 성격으로 미소를 짓는 것조차 잘 못하는 사람이다. 별로 말이 없어서 무엇을 생각하고 있는지 알 수 없는 로봇 같다는 말을 자주 들었다. 그러던 내가 조금씩 달라지기 시작했다.

이제 물건을 최소한으로 줄인 나는 시간의 여유가 있다. 매일의 생활을 즐기면서 살아가고 있을 뿐인데도 충만한 느낌이 든다. 더 이상 남과 비교하지 않기 때문에 비참한 기분에 휩싸이는 일도 없다. 다른 사람의 시선을 신경 쓰지 않으니 마음껏 행동할 수 있다. 집중력은 높아지고, 내가 좋아하는 일이 직업이 되었다. 쓸데없는 자존심은 사라지고 염치가 좋아져서 내가 쓴 책을 출판할 정도로 대담해졌다. 그리고 지금 내가 있는 이곳을 똑똑히 느낀다. 과거의 트라우마에 사로잡히는 일도, 미래에 대한 불안으로 겁먹는 일도 사라졌다.

무엇보다 달라진 것은 감사하는 마음이 생겼다는 사실이다. 현재의 모든 것에 앞으로도 계속 감사하고 싶다. 모든 현재를 긍정적으로 바라보며 살고 싶다.

미니멀리즘은 목적이 아니라 수단이다. 미니멀리즘을 통해 중요한 것을 많이 깨달았다. 하지만 내가 깨달은 것이나, 그보다 더 많은 것을 이미 깨달은 사람은 미니멀리스트가 될 필요가 없다고 생각한다. 미니멀리스트가 되고서 깨달은 것을 이후에도 소중하게 여기며 살아갈 수 있다면 물건을 늘려도 상관없다.

누마하타 나오키와 함께 운영하고 있는 '미니멀&이즘'minimalism.jp이라는 사이트는 최소한으로 줄임으로써minimal 중요한 것ism을 발견한다는 의미를 내포하고 있다. 미니멀리스트는 소중한 것을 위해 줄이는 사람이다.

나는 물건을 줄이고 나서 소중한 것을 발견했다. 그것은 바로 '사람'이다. 가족과 친구뿐만이 아니다. 아름다운 사람이나 재능 있는 사람만이 아니다. 의견이 맞는 사람도, 맞지 않는 사람도 모두 소중하다. 오늘 만나는 모든 사람이 나의 목적이다. 지금 내 눈앞에 있는 사람이야말로 나의 목적이다.

말 한마디에서 시작된 변화의 삶

미니멀리즘을 통해 감사의 달인이 되었기에 글이 조금 길어질 것 같다. 먼저, 함께 사이트를 운영하고 있는 누마하타 나오키에게 감사의 말을 전하고 싶다. 그가 쓴 문장에서 '미니멀리스트'라는 단어를 알게 된 것이 모든 일의 시작이었다. 미니멀리스트에 매료되어 그와 열띤 이야기를 나누던 그날, 갑자기 사이트를 개설하게 되었다. 사실 나는 대중을 대상으로 글을 쓰거나 남들에게 내 생각을 글로 보여주는 성향이 아니라고 생각했는데, 블로그를 만들고 글을 올리면서 그 즐거움에 빠져 이렇게 책까지 쓰게 되었다. 그리고 미니멀리즘을 통해 정말로 소중한 친구까지 얻어 무척이나 기쁘다.

와니북스에도 고마운 마음을 전한다. 편집자인 내가 책을 내고 싶다고 했을 때 관대하게도 흔쾌히 허락해주었다.

"자네가 책을 낸다고? 진심이야? 곧 죽기라도 해?"

누구나 이렇게 생각했을 거라는 걸, 나 자신도 그렇게 생각했기에 잘 알고 있다. 규모가 더 크고 인원도 더 많은 큰 회사였다면 아마 말조차 꺼내지 못했을 것이다.

이런 기획을 허락해준 요코우치 사장님, 예외적인 일임에도 착착 진행하게 해준 서적편집부의 아오야기 편집장, 물건에 둘러싸여 있으면서도 내가 하는 일을 지켜봐준 사진집 편집부의 잇포지 편집장에게 감사의 말을 전한다. 그리고 편집부의 모든 이에게 1년 동안 이 책밖에 생각하지 않았던 나를 도와주어 감사하다고 말하고 싶다.

"이런 방에서 지내는 게 뭐가 즐거우세요?"라고 몇 번이나 물었던 담당자 사쿠라이를 비롯해 영업부 직원들과 의견을 나눌 수 있어서 매우 즐거웠다. 한번 잘 팔아봅시다! 몇 번이나 견적을 부탁한 오쓰카 등 관리부 직원들에게도 고맙다는 말을 전한다. 홍보부에는 앞으로 잘 부탁드린다고 거듭 말하고 싶다. 당연히 디지털 사업부에도 인사를 드린다. 전자책도 내고 싶기 때문이다.

경리부, 총무부의 모든 이들에게도 항상 감사하는 마음을 갖고 있다. 그 외에도 많은 이들이 "뭐, 괜찮지 않겠어?" 하면서 따뜻한 시선으로 지켜봐주었다. 때로는 "기대하고 있어요!"라는 다정한 말로 큰 힘이 되어주기도 했다.

나 역시 편집자이기에 한 권의 책이 얼마나 많은 이들의 손을 거쳐 만들어지는지 잘 알고 있다. 인쇄, 내셔널제본 그리고 DPT를 담당한

알렉스, 교정을 맡은 도쿄출판 서비스센터, 운송을 책임진 다이요상사의 모든 이들에게 커다란 감사를 전한다. 또한 중개인과 서점 직원들의 호의에 다시 한번 감사드린다.

집필과 관련해 특별히 스티브 잡스와 애플에 대한 고마운 마음을 적고자 한다. 미니멀리스트인 잡스가 만든 아이폰과 맥북 에어 덕분에 정말로 많은 물건을 버릴 수 있었고, 원고를 어디서든 쓸 수 있어 무척 도움이 되었다. 마이크로소프트 워드 덕분에 원고를 쓸 수 있었고, 트리 2Tree 2라는 애플리케이션으로 구상도 수월하게 정리했으며, 드롭박스로 원고를 안심하고 보존할 수 있었다. 정말이지 세상의 모든 기술 개발자들 덕분에 물건을 갖지 않고도 글을 쓰고 책을 낼 수 있었다!

또한 패밀리 레스토랑 조나단에도 감사한다. 책을 집필하면서 중반은 조나단 메구로점에서, 마지막은 후도마에점에서 신세를 졌다. 항상 생각지도 못할 정도로 오래 머물러서 죄송하다는 말을 전하고 싶다. 사실 후도마에로 이사한 이유의 절반은 조나단이 있기 때문이었다. 도쿄 도립 중앙도서관에도 감사한다. 정원이 아름다운 도서관을 매일 부지런히 다니며 글을 썼다. 나는 정원의 연못을 여유롭게 헤엄치는 오리와 거북이에게서 많은 영감을 얻었다.

무엇보다 그동안 만났던 미니멀리스트들에게 감사하지 않으면 안 될 것 같다. 사실 이런 변화가 나 한 사람에게만 일어난 일이었다면 어떻게 하나 생각한 적이 많았다. 하지만 내가 만난 미니멀리스트들은 모두 다정했고 환하게 빛이 났다. 그들은 물건을 줄임으로써 앞으로 나아갈 수 있었고 긍정적인 변화를 느꼈다고 했다. 어쩌면 실례일 수 있는 취재를 흔쾌히 받아들여준 미니멀리스트들에게, 책의 내용은 나 개인의 의견이지만 사실은 많은 자극을 받았다고 말하고 싶다. 특히 히지의 '미니멀리스트 도쿄 오프모임'에 용기를 내어 참가했던 일이 내게는 의미 깊은 한 걸음이 되었다. 그 모임을 계기로 나는 또다시 달라졌다. 그 외에 만나지는 못했지만 홍보에 도움을 준 미니멀리스트들에게도 감사의 말을 전한다. 미니멀리즘이 확산되면 더 자유롭고 행복한 사람이 늘어나리라고 믿는다.

책이 만들어진 과정을 생각하면 디자이너 구와야마 게이토를 빼놓을 수 없다. 빠듯한 일정이었음에도 제대로 마무리할 수 있었던 것은 그의 신들린 듯한 작업 속도 덕분이었다. 일을 무척 빨리 진행해주어 약간 놀랄 정도였다. 멋진 디자인에 신속하게 마무리해준 그에게 정말로 감사한다.

또 이 책의 편집자인 무라카미 슌스케에게도 고마운 마음을 전한다. 편집자인 내 작업을, 편집자인 그가 담당하게 될 줄은 생각도 하지 못했다. 원고를 쓰면서 '전부 내 망상이면 어떡하지? 이런 원고, 아무도 읽지 않는 건 아닐까?' 하는 불안이 밀려왔을 때, 과묵한 그가 "원고, 재미있어요."라고 말해주었다. 그의 말은 글을 쓰는 내내 마음속 버팀

목이 되었다. 원고 마감이 늦어져서 죄송한 마음과 함께, 늘 신중한 일 처리에 다시 한 번 고맙다고 말하고 싶다.

책의 광고에 협력해준 친구, 가족, 친척들에게도 감사의 말을 전한다. 솔직한 감상을 들려주길 바란다. 그리고 사과할 일이 있다. 그동안 내가 받은 모든 물건을 처분했기 때문이다. 하지만 처분할 때는 전부 사진을 찍고 선물을 받았을 때의 기쁨을 떠올렸으며, 따뜻한 선물에 다시 한 번 감사했다. 선물을 받을 때 나는 큰 행복을 느꼈고 처분할 때도 더없는 행복을 느낄 수 있었다. 정말로 감사한다.

이 책을 읽을 독자들에게도 하고 싶은 말이 많다. 내가 물건을 줄인 후 알게 된 것 중에서, 또는 이 책에서 단 한 마디라도 끌리는 문구가 있다면 정말로 기쁠 것이다. 잘못된 것도 많이 있을 테니 꼭 지적해주기 바란다. 혹시 관심이 있다면 미니멀리스트의 모델하우스로 삼은 우리 집에 언제든 놀러 와도 좋다. 차밖에 대접할 게 없는 다실이라도 좋다면 말이다.

마지막으로, 저 세상에 계신 아버지와 건강하신 어머니에게 감사드린다. 내가 쓴 글에 조금이나마 자유로운 부분이 있다면, 그것은 아무것도 강요하지 않고 모든 것을 스스로 하게 했던 두 분의 교육 방침 때문이다. 부모님은 늘 내 판단과 선택을 지지하고 모든 것을 맡겼다. 정말로 감사한다.

이제 페르시아의 시인 잘랄루딘 루미Jalaluddin Rumi의 시에서 마음에 드는 한 구절로 글을 맺을까 한다.

하지만 나는 이제 아무 말 않겠습니다.
당신이 말해주기를 바라면서.

Minimalist